Joaquim Arena

Debaixo da Nossa Pele

Uma Viagem

Joaquim Arena

Debaixo da Nossa Pele

Uma Viagem

Olhares

Obra apoiada pela Direção-Geral do Livro,
dos Arquivos e das Bibliotecas/Cultura - Portugal

REPÚBLICA PORTUGUESA

CULTURA
Direção-Geral do Livro, dos Arquivos e das Bibliotecas

GRYPHUS
Rio de Janeiro

Revisão
Gustavo Rocha

Diagramação
Flex Estúdio

Design de capa
Mariana Newlands

Adequado ao novo acordo ortográfico da língua portuguesa

CIP-BRASIL. CATALOGAÇÃO NA PUBLICAÇÃO
SINDICATO NACIONAL DOS EDITORES DE LIVROS, RJ

A726d
Arena, Joaquim, 1964-
Debaixo da nossa pele : uma viagem / Joaquim Arena. - 1. ed. - Rio de Janeiro: Gryphus, 2025.

(Identidades : nossa língua é maior do que o Brasil; 23)

ISBN 978-85-8311-153-5

1. Ensaios cabo-verdianos. I. Título. II. Série.

25-98629.0 CDD: C869.4
CDU: 82-4(665.8)

Meri Gleice Rodrigues de Souza - Bibliotecária - CRB-7/6439

GRYPHUS EDITORA
Rua Major Rubens Vaz, 456
Rio de Janeiro, RJ – 22470-070
Tels: +55 (21) 2533-2508 / 2533-0952
www.gryphus.com.br – e-mail: gryphus@gryphus.com.br

SUMÁRIO

Em memória de Jorge Ramos

1

E então, do meio da assistência, e após se ter apresentado como *professora do ensino secundário jubilada*, a mulher de cabelos platinados inicia uma intervenção desassombrada e com raro à vontade sobre estas questões históricas, eu diria até bastante periféricas. A voz é fina como porcelana, e, a candura, comum a senhoras de uma certa idade, cujo encanto tem o dom de desfazer qualquer formalidade e trazer as coisas para os seus termos mais simples.

A conferência internacional sobre Lisboa decorre no Palácio Belmonte, no alto da colina, e reuniu escritores e olisipógrafos que não quiseram perder a oportunidade para fugirem ao frio que por estes primeiros dias de primavera ainda cobre o resto da Europa. O debate centra-se na presença de escravos negros na cidade, ao longo dos séculos, e os seus traços na toponímia, com a imagem do quadro «Chafariz d'El Rei» projetada numa das paredes da sala. O fascínio pelo enigma da mestiçagem na população lusa está na ordem do dia e no olhar dos presentes. Entre estes, assinala o programa, encontram-se escritores franceses com obra e méritos internacionalmente reconhecidos.

Leopoldina continua a falar das personagens retratadas no dito quadro como que de velhos conhecidos: negros e negras, escravos, mouros e mouras, com nomes e datas, especulando até sobre a forma como deveriam pronunciar o português quinhentista e o vocabulário de insultos e impropérios mais comuns na época. Um xale sépia cobre-lhe o casaco de malha branco; veste calças de ganga coçadas com cinto de fivela quadrada e botins castanhos, numa imagem que me parece excessivamente neo-hippie. Num dos intervalos do evento, vejo-a passeando pela biblioteca do Palácio, folheando um livro sobre a cultura do arroz.

Dias antes, eu recebera uma chamada telefônica. Para além dos homens de letras e especialistas na matéria — e para minha total surpresa —, a organização achou que deveria também convidar um observador oriundo de uma das minorias que habita esta cidade branca e de colinas suaves, neste caso das ilhas sahelianas do Atlântico. O que não podiam saber é que a pessoa do outro lado da linha estava de regresso ao país de adoção com profundos sentimentos de culpa para com o seu pequeno país natal e numa espécie de balanço da particular trajetória de uma família de imigrantes cabo-verdianos. De certa maneira, vivências abstratas que têm algo de comum — talvez esse sentimento a que nós, falantes do português, chamamos saudade — com quem um dia também chegou do sul, há muitos, muitos anos, por via marítima, de grilhetas nos pés.

Mas essa é outra história.

* * *

No final da manhã, enquanto convidados e público vão almoçar, recolho uma folha com a reprodução do quadro quinhentista, desço a colina do Castelo e vou em direção a Alfama ver o que resta ainda do histórico Chafariz.

Pelo caminho vem-me ao espírito aquelas pessoas que nunca imaginaram que estavam a ser observadas e reproduzidas numa tela, e que não teriam acreditado que alguém pudesse dar conta da sua insignificante existência. Tento imaginar a sensação vivida por esse pintor desconhecido, que, entre 1570 e 1580, decidiu registar uma cena de rua, típica da pintura do norte da Europa, e que resultou num quadro com um valor documental inigualável, contendo gestos e os passos de um povo (in)visível transpostos para a posteridade.

A fraca qualidade da pintura — e não tenhamos dúvidas quanto à falta de talento do autor, apesar da ambição — é largamente compensada pelo papel de registo histórico da existência de uma população condenada a desaparecer como água no tempo. Das 136 personagens do quadro, a que me dou ao trabalho de contar, 79 são negras, entre elas 7 crianças correndo por entre a agitação de homens e mulheres. À primeira vista, nada existe que possa comprovar a sua condição de cativos, e diria até que parecem tudo fazer para ignorar essa fatal condição, pelo menos durante o ato diário de se porem na fila para encher quantas vasilhas conseguem carregar, entabular uma conversa, uma risada, exclamação ou esgar de protesto solidário, com as outras e os outros da mesma condição que ali falam do quase nada que o mundo do seu tempo podia oferecer a um preto ou a uma preta — ainda para mais escravos.

Com um pouco de imaginação é possível ouvirmos o eco da cacofonia, os risos daqueles balantas, papéis, manjacos, mandingas, fulas, biafadas, sereres, soninquês, mendes, arrancados aos trópicos e feitos novos lisboetas, e sentir mesmo os odores exalados pela roupagem europeia que lhes molda, estranhamente, o corpo; a fisionomia sensual, sob as saias compridas das aguadeiras de pele brilhante e vasilha à cabeça, que foi, muito provavelmente, o pormenor que atraiu mais a atenção do pintor. Nunca terá visto tanta gente negra, festiva, barulhenta, lasciva, reunida num espaço público em toda a Europa, nesta Lisboa quinhentista e populosa, mas de espaços amplos e arejados, que respira e se reinventa à chegada de especiarias de outros mundos. Por isso, é compreensível a vontade deste artista estrangeiro em registar para a posteridade esta estranha quotidianidade.

Propriamente dito ocupa este Chafariz d'El Rei a metade direita da pintura, com o seu autor apostado em registar o mundo que gira em volta das seis bocas de água em forma de cabeça de cavalo, de cor branca. Três abóbadas e três arcadas são suportadas por dois pilares da mesma cor, com um átrio que media 17,6 metros de comprimento por 8,8 metros de largura. Os pilares e as abóbadas, assim como o terraço, na parte superior dos arcos, sobre o qual se veem plantas — provavelmente lírios —, têm riscos e pontos decorativos num estilo mourisco. No arco do meio, desponta um brasão com as armas reais e, sobre os arcos laterais, uma cabeça de animal.

Todo o pórtico do Chafariz, que abrigava quem tinha de passar horas à espera, encaixa entre duas torres do que restava da antiga Cerca Moura.

A fama das águas de Alfama é antiga.

Vitrúvio fala das águas da parte oriental da cidade na sua obra *De Architectura* — livro 8.º, que trata de construções hidráulicas. Ibne Almunime, na sua descrição da cidade de Lisboa, salientou as famosas nascentes de água quente do centro da cidade («al-hamma», no plural). O erudito Damião de Góis não ficou, séculos depois, imune ao Chafariz e elogiou a construção admirável, as colunas e as arcadas, o sabor e a leveza da água — puríssima — que lhe dava muito prazer beber.

Como mostra o quadro, na época o Chafariz abria-se para um amplo retângulo, uma espécie de praça, a um nível inferior em relação à estrada. Junto a duas escadas em pedra, algumas pessoas conversam sem qualquer pressa. Outras parecem deambular sem outro propósito que não seja o de matarem a sede e saberem as últimas novidades. Há quem mostre gestos expressivos de quem chama por alguém. No palco principal de toda a cena do quadro, um homem negro e uma mulher branca antecipam no tempo uma espécie de passo rasgado de tango. Dois homens, talvez cristãos-novos, parecem calcular os riscos de uma operação comercial ambiciosa na Lisboa destes tempos gloriosos.

À direita, três homens de barbas observam o majestoso cavaleiro negro que se atravessa à sua frente, envergando o hábito da Ordem de Santiago, como que provando que, independentemente da época e das latitudes, a forma das coisas nem sempre refletiu o fundo das coisas. A curiosidade e a aparente complacência gnóstica dos homens refletem o fascínio do pintor por esta enigmática personagem. A altivez e a elegância do trote do cavalo — animal sagrado — dão-lhe uma dignidade superior a qualquer outra das figuras, tornando-o na principal negação de toda a ordem instituída no quadro.

Quem seria, afinal, este cavaleiro que violava com a sua nobreza os limites definidos? Seria mesmo verdade que, à guisa de meia dúzia de pinceladas, um preto pudesse tornar-se, de repente, cavaleiro da Ordem de Santiago da Espada? A Ordem surgiu da necessidade de proteger os peregrinos que se dirigiam ao túmulo de Santiago e terá entrado em Portugal apenas dois anos depois, com o acesso desde logo praticamente restringido aos nobres. Mas nos três séculos seguintes as regras de acesso foram sendo suavizadas.

No seu estudo sobre os 27 homens agraciados com o título de cavaleiro das Ordens Militares Portuguesas do Cristo, Santiago e de Avis, entre o século XVII e inícios do XVIII, Francis A. Dutra faz uma revelação que nos coloca na pista do misterioso cavaleiro negro do Chafariz d'El Rei. Para além de testemunhas da investigação sobre os antecedentes terem testado que os pais ou avós de alguns desses homens haviam sido descritos como «mulatos» e ou descendentes de escravos africanos — muito provavelmente netos e bisnetos do povo do Chafariz —, o acadêmico revela que sete negros se tinham tornado cavaleiros nas Ordens Militares Portuguesas. Três na Ordem de Santiago (no século XVI), três na Ordem de Cristo (todos em 1609), e um na Ordem de Avis (1580). Mas só um dos sete — João de Sá Panasco, bobo da corte durante o reinado de D. João III (1521-1557) — descendia de escravos. Dutra refere, ainda, que Manuel Gonçalves Doria, militar nascido no Brasil, foi o primeiro afro-brasileiro a tornar-se cavaleiro da Ordem de Santiago. Mas isso terá sido muitos anos depois de o pintor estrangeiro ter registado para a posteridade o cavaleiro negro.

Assim sendo, tudo leva a crer que o altivo cavaleiro do Chafariz seja mesmo João de Sá Panasco, ex-par da corte de D. João III e Catarina de Áustria, filho de escravos, nascido em Lisboa. E, de certa forma, o seu passeio pela praça, local de encontro dos negros e negras da cidade, tem a forma de um ato poético, um momento de absoluta transcendência histórica, no coração do reino.

Ao que parece, João de Sá era bem mais do que uma simples «mosca no leite», como se lhe referiu D. Francisco Coutinho, conde de Redondo, ao encontrá-lo doente numa cama, envolvido em lençóis brancos. Panasco, como era conhecido, ficou famoso pelas suas respostas de algibeira e o espírito combativo com que enfrentava a chacota dos seus pares. *A felicidade de um cavaleiro português consiste em chamar-se Vasconcelos, ter uma quinta, seiscentos mil reis de renda, ser parvo e não prestar para nada.*

Era presença habitual à mesa da família real portuguesa, com as suas piadas e anedotas divertidas, e em 1535 teve a maior experiência da sua vida, ao integrar o contingente português comandado pelo infante D. Luís, ao serviço de Carlos V, na Batalha de Tunes, depois de este destruir a frota de Barbarossa.

No meio dos combates, da carga dos cavaleiros e do silvo das setas, João de Sá, então um jovem adolescente, reparou num pequeno cão junto a uma oliveira, numa colina às portas da cidade. Atravessou o campo de batalha, impávido ao movimento de fugitivos e perseguidores, e recolheu o pequeno animal assustado, um pastor da Anatólia, que conservou até à morte. Tudo indica que terá sido ordenado cavaleiro da Ordem de Santiago entre 1550 e 1570. Já em idade avançada, o estigma, a bebida e a amargura amenizaram a argúcia daquele que foi considerado um dos homens mais espirituosos do seu tempo, o que me leva a perguntar que imagem teriam dele os outros negros, forros ou escravos, com que se cruzava na corte e pela cidade. Um homem sem máscara, no seu tempo, mas tornado personagem dupla.

O quadro retrata ainda portugueses dignos, fidalgos, uns apeados, outros a cavalo, trajando de negro. Dois meirins conduzem um negro embriagado dali para fora, pormenor referenciado por Leopoldina, na conferência, pois a perdição pelo álcool levara a Câmara Municipal de Lisboa a proibi-los de beber vinho nas tabernas e mesmo de frequentá-las. Um círculo perigoso, já que o vício levava ao furto do dinheiro para comprar mais vinho, quando o escravo estava absolutamente proibido de ter dinheiro ou mesmo de possuir qualquer bem.

Escravo negro não era gente nem mesmo quando vinha sob o sol pela rua, porque logo à primeira vista o andar gingão dizia que quem lá vinha era mesmo um preto. Preto era *res* — coisa, e coisas não compravam outras coisas nem cavalgavam porque montado qualquer um adquiria uma dignidade inequívoca, neste caso indesejada de cavaleiro, independentemente da cor da sua tez, tamanho do seu chapéu ou qualidade das botas nos arreios.

* * *

Esta aparente harmonia coletiva decorre às portas de Alfama, como disse, e um viajante que naquele momento desembarcasse em Lisboa poderia ver um jovem negro segurando no leme de um bote enquanto outro agita no ar uma pandeireta, tornando mais prazenteiro, sem dúvida, o passeio de barco de um casal de portugueses.

Protagonismos à parte, convém esclarecer que, à exceção de Panasco, os negros e as negras do Chafariz d'El Rei estão destinados a passar à posteridade como pássaros cegos e sem alma. As cabeças são um borrão de azeviche, sem boca, orelhas, nariz ou olhos. A Igreja decretou que não têm alma, nada resta então para refletirem. O além-cristão é coberto de jardins e anjos encantados. O pagão, por um mar de sombras e correntes de ar frias. A ausência de alma, que lhes nega a salvação, faz deles *persona non grata* em qualquer chão de cemitério cristão. Resta-lhes o Poço dos Negros e o lençol da cal como derradeira morada.

Não é fácil imaginar o monte de cadáveres que ameaçavam empestar o ar das ruas, das vidas e dos lares de dignos cristãos fidalgos ou plebeus. Uma cidade não menos fétida e lamacenta, mergulhada no credo e na mesquinhez. Os seus corpos amontoados cobertos com bastante cal, não fossem as suas carnes putrefatas e ossos descarnados contaminar a pureza das águas elogiadas pelo erudito Damião de Góis.

Os pais e avós foram trazidos pelos fidalgos do infante nas primeiras razias de Arguim e da Guiné, depois de pelejas, mortes e grilhões, pontuados por sentidas graças ao Senhor que a eles preferiu ante todos os outros viventes, incluindo os selvagens seminus que procuram em vão esconder os filhos pelos campos ressequidos. Os primeiros a conhecerem o estranho lugar de exílio que é a Europa de Cristo e da Salvação.

Antes da abertura do dito poço, os cadáveres eram atirados, sem honra nem *pietas,* da Quebrada de Santa Catarina, indo servir de repasto a famílias de cães vadios, batidos os seus restos lá embaixo por ondas que em noites de mau tempo galgam a praia do Tejo. Pergunto o que pensariam os pretos velhos da Lisboa quinhentista sobre o idílio dos seus reinos africanos. Imagino-lhes os rostos toldados de mágoas e o frio percorrendo-lhes o coração, mas sem qualquer ânsia de revoltas. Adivinha-se, igualmente, a alienação, as premissas da sobrevivência. Mas o sonho de um regresso aos rios da infância esfuma-se em invernos pelas ruas e vielas da cidade. Resta o trabalho mecânico de besta de carga humana e a adoração ao novo deus do Céu, do Inferno e das procissões coloridas.

* * *

Repiso o chão dos primeiros mapas da cidade desenhados *en vol d'oiseaux* e caminho em direção à Rua da Alfândega, onde clientes de restaurantes aguardam em fila por uma mesa. Já no século XVI eram as sardinhas assadas rainhas das festas juninas nos barracões do Malcozinhado, aqui bem perto. Um espaço público onde conviviam trabalhadores de todas as raças e que garantiam o ritmo da cidade: os 250 brancos e negros que descarregavam carvão das barcas e o acarretavam pela cidade, os 150 negros da estiva, os 200 moços negros que levavam peixe e carne nas canastras, as 1.000 negras vendedeiras de água pela cidade, as 40 negras e mouras trapeiras, os 50 caiadores negros e, finalmente, as 1.000 calhandreiras negras que despejavam, todas as manhãs, a imundice da cidade no rio. Todos eles registrados, como referiu Leopoldina, pelo escudeiro João Brandão, na segunda metade do século XVI.

Escuto línguas asiáticas à porta de lojas de paquistaneses e medito sobre as obscuras origens dos povos e o caminho percorrido desde o início dos tempos. Casais de turistas sobem e descem a rua, tirando fotografias e tentando decifrar a placa na parede: *Chafariz d'El Rey, edificado no século XIII, reformado pelo rei D. Dinis, reconstruído no ano de 1774, reparado depois de 1755 e melhorado nos meados do século XIX.*

As bocas em forma de cabeça de cavalo há muito que desapareceram. Aqui já ninguém se abastece de água. O Chafariz está classificado como patrimônio edificado, monumento de interesse público, *incluindo as estruturas hidráulicas conexas (reservatório, cisterna e mina de água), sito na Rua do Cais de Santarém, travessa do Chafariz d'El Rei e travessa de São João da Praça, freguesia da Sé, Lisboa, concelho e distrito de Lisboa, e à fixação da respetiva zona especial de proteção (ZEP).*

O novo chafariz confunde-se com um velho mausoléu em mármore, corroído pelo tempo. A atual fachada, de 1864, surge numa desolada composição arquitetônica classicista. Na parte de trás, onde naquele dia cinzento do século XVI duas senhoras estendiam colchas ao sol, desponta agora o luxuoso Palacete Chafariz d'El Rei, uma pérola do turismo de qualidade da cidade. Uma buganvília percorre a todo o comprimento a varanda do Palacete que dá para o terraço do Chafariz. O mesmo local onde no século XVI se viam lírios viçosos. E este é o único pormenor em comum com o quadro do pintor desconhecido.

Um homem de meia-idade surge na varanda no preciso momento em que eu fotografo a buganvília

I'm the king of the waters, diz-me.

* * *

E é o caos que comanda a vida que faz com que, tempos depois, no regresso de uma exposição sobre o mesmo tema, eu encontre Leopoldina no comboio, segurando nas mãos um catálogo igual ao meu; imagino que terá sido por mero acaso que não nos encontramos, horas antes. Falamos sobre os elementos da exposição, as reproduções, os painéis explicativos e recordamos a sensação de viagem no tempo que foi deslocar-nos pelas várias salas, numa espécie de passeio por entre testemunhos dispersos e fragmentos de uma história amordaçada que se pretendeu, durante muito tempo, invisível: os olhares perdidos dessas figuras, nas suas tarefas insignificantes, como almas saqueadas da sua dignidade. Nós próprios, os visitantes, sentimo-nos transformados em figurantes da exposição, entre as vítimas e o algoz, o escravo e o escravocrata, subindo por nós essa leve sensação de irrealidade, como se se tratasse de outro país num continente diferente. Mas para o final, pese a injustiça asfixiante, fica-nos essa sensação de alívio pelo enriquecimento que resulta deste contato entre culturas, a interpenetração imperceptível, a sombra de uma cultura renovada que nasce do conflito entre povos diferentes, apesar de todas as humilhações e crueldades. Mas tal não significa que este momento, tão marcante da História, deva ser arquivado, pois que as coisas existem e não podem ser apagadas.

Com o seu espírito universalista, Leopoldina conta-me que se dedica à investigação desse mecanismo social e da presença de africanos em Portugal desde que se aposentou. O fascínio pelos bastidores da História, confessa-me, é premiado pela sua espetacularidade escondida.

Na verdade, sou apenas uma amadora. Não pretendo publicar nenhuma tese acadêmica ou algo parecido sobre o assunto.

Ela revela-me então que, antes de tudo, é uma mulher aposentada que vive sozinha numa cave, numa das colinas da cidade, e fico também a saber que é a mais velha e única sobrevivente de três irmãs. Uma sobrinha costuma visitá-la aos fins de semana e, quando faz bom, tempo gosta de passear por Belém. Mas a maior parte dos dias, diz-me, passa-os na sua biblioteca.

Dias depois, recebo um convite para lanchar e conversar um pouco sobre este assunto. Enquanto caminhamos ao longo do Mosteiro dos Jerônimos, Leopoldina faz-me perguntas sobre a minha família e o nosso percurso de imigrantes. Discorremos sobre as dezenas de famílias cabo-verdianas que começaram a chegar ainda nos anos 1960 e que habitaram velhos andares devolutos do centro de Lisboa, e dos vizinhos que terão, nalguns casos, testemunhado mesmo a chegada da República, e a forma como alguns olhavam-nos de soslaio, talvez até desconfiando que pudéssemos ser parentes daqueles que combatiam a soldadesca portuguesa, na guerra colonial imposta por Salazar.

Leopoldina sugere uma visita ao antigo Jardim Colonial Tropical, não muito longe do Mosteiro; passamos os portões de ferro e seguimos lentamente por uma aleia de coqueiros lânguidos, acompanhados pelo canto dos pássaros.

Este é um dos poucos lugares da cidade onde ainda me sinto feliz e em paz, diz-me.

Nuvens de insetos e libelinhas pairam sobre o lago de uma água esverdeada, onde nadam patos de penas brancas e bico vermelho. Às casuarinas seguem-se os coqueiros-de-jardim, oriundos do Brasil e da Argentina, e tufos de bambu e a árvore-de-judas, que ela me apresenta, como se de velhos amigos se tratassem. Há uma velha casa térrea de telha vermelha e, no portão de entrada, destacam-se duas cabeças de jovens negros, sobre dois pilares.

Resquícios da Exposição do Mundo Português.

É uma pena terem deixado arruinar esta estufa.

Uma parte do jardim está permanentemente coberta pela sombra de árvores entrelaçadas, criando um ambiente de floresta equatorial.

Melaleuca lanceolata (Myrtaceae), *não é um nome bonito?*

Diz-me ela, apontando para a placa na base de uma das árvores.

Contornamos a aleia e ela guia-me para um banco de pedra. A intimidade do momento e o jardim em volta trazem-me à memória o primeiro banco de jardim partilhado na adolescência.

À nossa frente está um dos maiores troncos de árvore que eu alguma vez vi, cuja sombra ocupa uma circunferência de pelo menos 60 metros de diâmetro. As raízes lembram cobras gigantes semienterradas no solo e a cada cinco segundos ouvimos o baque de pequenos frutos secos sobre o solo atapetado de folhas mortas.

As raízes mais compridas atingem os 20 metros, antes de a sua extremidade penetrar o solo e desaparecer. A árvore não terá menos de 35, 40 metros de altura.

É a minha árvore preferida, Ficus religiosa (Moraceae), *da Ásia Tropical, a figueira-dos-pagodes ou a árvore-de-buda, como também lhe chamam.*

Ficamos por momentos em silêncio, um silêncio de namorados improváveis, escutando aquele baque contínuo, e é então que Leopoldina me revela o verdadeiro motivo da sua ida ao Palácio Belmonte, no dia da conferência.

Uma tia da minha tetravó, de nome Catarina, conta-me, foi escrava em casa de D. Vasco Manuel de Figueiredo Cabral da Câmara — que recebeu o título de 1º conde de Belmonte das mãos da rainha D. Maria I, em 1767. Desde menina que me lembro de ouvir contar na família como ela foi vítima de maus-tratos por parte do seu senhor, num processo que chegou mesmo a envolver a Justiça. A esposa dele ameaçou vendê-la para o Maranhão, o que terá precipitado a sua fuga. A história da fuga de Catarina — que nasceu no Pátio de D. Fradique, a casa do futuro conde, antes de edificarem o atual Palácio Belmonte — também atravessou gerações, contada à mesa do jantar. Pelas minhas contas, revela-me, a Lei do Ventre Livre, criada pelo marquês de Pombal, chegou tarde demais para ela, que deveria ser ainda criança de colo quando foi promulgada, em 1773. De certeza que Catarina fazia parte de uma comitiva de negros que, numa manhã do início do século XIX, os terrenos pantanosos do Vale do Sado e se instalou numa colina, próxima da aldeia de São Romão, onde eu vim a nascer, mais de um século depois.

* * *

Quando chegaram com os seus pobres e parcos pertences, os negros foram morar no casão da Herdade dos Frades, onde começaram a trabalhar no cultivo do arroz, juntamente a famílias de trabalhadores vindos de outras regiões do reino. O convívio de negros e brancos na freguesia nem sempre foi pacífico, conta-me Leopoldina. Os desacatos aconteciam sobretudo na igreja, o que levou a Arquidiocese de Évora a pedir ao capelão da aldeia que punisse as negras com 5 tostões de multa e para pô-las na rua se desrespeitassem as mulheres brancas.

Josefa, a minha tetravó, nasceu em São Romão do Sado, em 1820, continua Leopoldina, e tudo o que sabemos dela vem da prodigiosa memória da minha avó, Eugênia, que em criança chegou ainda a conhecer Josefa já bastante velha, no final do século XIX. Mas quem guardou quase todos os pormenores foi mesmo a minha bisavó Zulmira, que os passou a Eugênia, que por sua vez me foi contando como Josefa começou muito cedo a ajudar a família a mondar os campos de arroz e como ela usava um chapéu de palha na cabeça, com uma pequena fita preta onde gostava de espetar flores silvestres. De outubro a novembro lavravam a terra e depois de esta secar, ia ajudar o pai e a mãe a fazer os muros dos canteiros para semear o arroz. Nos intervalos, construía *malatrecas*, para espantar os pássaros, para que não comessem os grãos.

Os negros eram pobres como a maior parte dos agricultores que trabalhavam nas herdades daquela região. No final das mondas, o patrão oferecia um borrego, os trabalhadores quotizavam-se para comprar o vinho e fazia-se uma refeição coletiva, geralmente ensopado. O trabalho árduo era esquecido e durante um dia comia-se, bebia-se e cantavam-se louvores ao patrão. Os trabalhadores negros improvisavam tambores em vasilhas e desenterravam cânticos ancestrais. No início do verão, depois da colheita, a família subia num carro de bois e ia assistir às festas de romaria em Alcácer do Sal. Josefa era uma típica rapariga do campo, umas vezes áspera, outras vezes doce e rebelde, mas sempre com um olhar indefeso, continuou Leopoldina. Aos 15 anos, enamorou-se por Domingos, ex-soldado de infantaria das tropas absolutistas. A guerra civil terminara dois anos antes, mas ele andava sempre armado de pistola e punhal na jaqueta. Ela gostava do seu ar de valentão e não resistia ao seu sentido de humor. Costumavam encontrar-se ao entardecer, perto do poço de água mais longe, ou do outro lado do monte, sob os sobreiros. Certo dia, Domingos disse-lhe que ia juntar-se à luta armada que recomeçara na serra algarvia e prometeu visitá-la sempre que pudesse. Pediu-lhe ainda para ela confiar nele. Tudo por causa de uma dívida de honra que tinha para com o seu antigo comandante; Josefa viu-o partir, na luz ocre da tarde, sem mais explicações.

Passaram-se semanas, meses, sem qualquer notícia.

Josefa consolava a angústia no trabalho dos campos e na paisagem imóvel da várzea, vendo o tempo arrastando-se por entre o vento estival, sem novidades. Certo dia, durante uma ida a Alcácer do Sal, ouviu contar que algumas cidades do Algarve tinham sido atacadas e pilhadas por guerrilhas fiéis a D. Miguel. E uma noite, sentiu alguém rondando a janela do quarto. Domingos saiu de atrás de uns arbustos e abraçou-a. Ela procurou-lhe sinais de feridas no corpo, mas ele estava são e sorridente. As coisas estavam a correr bem, disse-lhe ele, o comandante sabia o que fazia, e ele era bom no tiro. Deitaram-se no chão e antes de amanhecer, depois de lhe secar as lágrimas, montou no cavalo e desapareceu nas sombras.

Por entre as possibilidades de um futuro a dois ainda abertas e acreditando que tinha a vida toda pela frente, Josefa arranjava sempre um pretexto para ir a Alcácer do Sal, onde as notícias mais frescas continuavam a falar de combates e de assaltos, e adiantavam que o bando chegara mesmo a cruzar o Alentejo para atacar a aldeia do Cercal e Vila Nova de Milfontes.

Domingos prometeu-lhe que a vitória final contra os liberais faria dele um grande proprietário de terras no Baixo Alentejo. Mas, cansado das investidas da guerrilha, o governo liberal de Lisboa mandou recolher a população da serra às cidades com todos os seus utensílios de trabalho e fez desembarcar em Lagos um regimento da cavalaria mais fresco e bem armado. Remexido, como era conhecido o chefe dos rebeldes, foi capturado poucos dias depois e fuzilado junto a um grupo de rebeldes. Josefa deu um grito, horrorizada, e só descansou quando soube que dentre os guerrilhas fuzilados nenhum era preto. Mas o cansaço da espera, que lhe toldara o rosto e os olhos, demorava a desaparecer, como quem sabe que de um momento para o outro tudo pode estar perdido.

O meu tetravô era um homem com muita sorte, conclui Leopoldina.

Os últimos rebeldes que não tombaram nas escaramuças com o exército acabaram por se entregar às autoridades a troco de um perdão. Domingos cavalgou toda a noite para cair nos braços de Josefa. Casaram-se e ele tornou-se agricultor na lezíria.

* * *

Os filhos e netos de Domingos e Josefa vieram aumentar a população negra da região.

Misturaram-se e conviveram com os que tinham vindo antes para desbravar o mato e trabalhar na solidão dos campos desta região do Alentejo.

Quando se deu início à cultura do arroz no reino, no final do século XVIII, os escravos negros revelaram-se mais resistentes às febres palúdicas que infestavam a região úmida do Sado.

* * *

Outro dia, depois de a acompanhar até à porta do prédio, numa das colinas da cidade, Leopoldina convida-me a entrar. Sobre o móvel da sala, há uma fotografia da sua mãe — cuja face morena e cabelos crespos revelam a sua inequívoca origem —, tirada durante uma visita às termas das Caldas da Rainha, em 1938. Nas paredes da sala vejo os famosos quadros do «Menino da Lágrima», a «Virgem Maria» e o «Cristo de Coração Escarlate Pulsante». Há também pratas antigas e sobre uma mala de enxoval preta um velho aparelho de televisão que ela raramente liga. Corcéis selvagens atravessam um rio numa pintura a óleo, sobre santinhas e bibelôs de vidro e moscas de bronze gigantes com olhos verdes e brilhantes, num aparador.

As paredes têm um rodapé de azulejo azul e branco com motivos de vindimas.

Da janela da sua cave tem-se uma perspectiva das canelas e dos joelhos de quem passa na rua. É incrível, diz-me ela, como uma pessoa aprende a reconhecer os outros apenas pela firmeza da passada, a frágil elegância ou o arrastar do corpo. A hibernação chega em outubro, com a persiana sempre fechada. No verão, quando me esqueço dela aberta, diz-me, o vento arrasta cá para dentro jornais, folhas das árvores, pontas de cigarros, panfletos.

Inverno ou verão, dia ou noite, as luzes da sala estão sempre ligadas e a umidade é uma companhia onipresente.

Leopoldina levanta-se, abre a gaveta de uma secretária e tira de lá uma folha A5, onde está desenhada uma espécie de árvore genealógica; na verdade, são três árvores cujos ramos se entrelaçam, unindo-as. Mostra-me um conjunto de nomes, datas de nascimento, óbitos, casais, filhos, netos, bisnetos, trinetos, numa ramificação cuja origem e o final acabam, por vezes, num enigmático ponto de interrogação. As margens da folha estão repletas de anotações e de informações complementares, para onde remetem um conjunto de asteriscos numerados ao lado das datas e de alguns nomes. Ela faz-me um resumo completo de casamentos, datas e nomes. Mas minutos depois estou completamente perdido no meio de toda a informação. Fico por momentos a admirar o entusiasmo das suas palavras sobre a escrava Catarina e a medida da justiça, da relação do indivíduo e das gerações, das sociedades e dos elementos naturais que compõem o seu equilíbrio.

À noite, ajudo-a a arrastar o caixote do lixo para o exterior do prédio, uma tarefa diária a que ela está obrigada. É como se eu fosse uma simpática e velha *concièrge*, diz-me. Ofereço-me para lhe limpar o quintal e, dias depois, volto para passar uma tarde a cortar mato seco dos canteiros e colher limões e nêsperas das árvores, procurando arejar e dar alguma vida a esta cave lúgubre. Ela ajuda-me, segurando no escadote e recordando estórias divertidas. Outras vezes, levo-lhe compras da mercearia, cebolas, alhos, morangos, empadas; ela lê-me passagens das suas notas e apontamentos. Apesar dos seus 78 anos, é uma mulher de movimentos suaves e ligeiros e com um apurado sentido de humor, que me confessa o prazer que ainda lhe dá assistir a séries de televisão sobre investigação e mistério.

Por vezes, a vida solitária de uma dama pode ser aliviada pelos fados que um vizinho do lado coloca no prato do gira-discos ou pelos pássaros que nas manhãs de sol se agitam nas gaiolas e os gatos que fazem fila diante da gamela do seu quintal.

Durante uma outra visita, já depois do chá, ela retira a imagem de um quadro em forma de mistério, de dentro de um livro. Na gravura, encontrada num alfarrabista da Rua do Alecrim, veem-se duas mulheres jovens numa espécie de parque, sentadas num banco de pedra, em Londres, com a

Catedral de São Paulo ao fundo. Uma é branca de pele luminosa e tem um vestido de balão cor-de-rosa, rendilhado de branco nos braços e no peito. O cabelo está apanhado.

A mão esquerda segura um livro aberto e a direita está pousada, com afetuosa familiaridade, na perna da outra, de raça negra, que está vestida também de branco, com um buquê de flores no braço esquerdo.

Se o turbante branco com penacho e o colar ao pescoço elevam o mistério desta última, o sorriso, esse, é o de uma Mona Lisa. O indicador direito aponta enigmaticamente para a face. Ambas são bonitas, magras e elegantes. A amizade está no centro da imagem e expressa no olhar. A pintura é do final do século XVIII e, à partida, tudo leva a crer que estamos perante uma jovem herdeira e a sua aia favorita.

De fato, explica-me Leopoldina, essa foi até há relativamente pouco tempo a interpretação mais evidente desta imagem.

Só que ambas usam pérolas e vestem seda.

William Murray, conde de Mansfield, juiz e Lord Chief Justice, uma espécie de Ministro da Justiça de Inglaterra, encomendou o quadro ao artista com muito empenho. Só recentemente se descobriu que a rapariga mulata do quadro afinal não era nem aia de Elizabeth Murray, sobrinha-neta de William Murray, nem criada da casa de Kenwood, nos arredores de Londres, onde ambas viviam.

Dido Elizabeth Belle, assim se chama esta mais nova paixão histórica de Leopoldina, que não consegue esconder uma leve vertigem de felicidade por esta partilha.

Entre chás, bolos e *scones*, vou conhecendo a história improvável de Belle e a sua chegada a Kenwood ainda bebê, vinda das Caraíbas, na bagagem de John Lindsay, sobrinho de William Murray e capitão da marinha inglesa. De um momento para o outro, diz-me Leopoldina, Lord Mansfield e a mulher são confrontados com este estranho e novo membro da família.

Belle e Elizabeth vão ser educadas no seio da abastada família como duas irmãs, como resulta da imagem do quadro. Não há registo de como terá sido a relação de Belle com o pai. A menina mulata e a prima desde cedo desenvolvem grande afeto e cumplicidade para com Lord Mansfield. Aprendem Francês, História e Geografia, para além de Música e Dança. O mais interessante, adianta Leopoldina, é como um homem desta importância social, na época, assume publicamente esta jovem de origem negra e ilegítima na sua família. Um ex-Governador de Massachusetts regista no seu diário como, em 1779, durante um jantar em Kenwood, ficou sem palavras ao ver aquela rapariga negra entrar no salão para tomar café com os convidados. O escândalo maior que foi ver, como escreve, durante um passeio pelo jardim, Lady Elizabeth e Belle, caminhando à sua frente de mãos dadas.

Os Mansfield fizeram tudo para mostrar ao mundo que estavam à frente do seu tempo e que não sentiam qualquer desconforto por terem Dido, como lhes chamavam, na família. Nem com os mexericos que circulavam por Londres. De repente, vejo como os pequenos olhos cinzentos de Leopoldina brilham ao confessar que acredita — como na época se falou — que a presença de Belle poderá ter mesmo ido ao ponto de influenciar algumas decisões judiciais tomadas por Mansfield em relação à escravatura.

É o que se depreende do processo do escravo James Somerset, que depois de fugir e de ser recapturado pelo dono, foi vendido ao capitão de um navio negreiro. Em vez de considerar Somerset uma propriedade como qualquer outra, Lord Mansfield decidiu julgar o caso em tribunal. A sentença final tornou Somerset um homem livre, como defendiam os abolicionistas, e criou o precedente jurídico de que em solo inglês todos os homens são livres.

O desfecho do chamado Massacre Zong também acelerou a abolição do tráfico negreiro e reforça a teoria de Leopoldina. Escravos negros, a caminho da Jamaica, tinham sido atirados vivos pela borda fora do navio. O capitão acionou judicialmente a companhia de seguros para poder receber o prêmio. O Lord Chief Justice apontou a crueldade do ato em si e a infâmia que era reclamar prêmios de seguro sobre seres humanos deliberadamente afogados.

No seu último testamento, de 1782, William Murray espantou tudo e todos não por ter assegurado o futuro de Belle com uma simpática soma em dinheiro mas sobretudo por declarar-se honrado por ser merecedor da confiança e da amizade da sobrinha-neta mestiça.

E, no final, como que para dissipar quaisquer dúvidas sobre o que pudesse acontecer depois da sua morte, escreve: *I confirm to Dido Elizabeth Belle her freedom.*

Belle morreu aos 43 anos, no início do século XIX, deixando dois filhos.

Provavelmente terá conhecido a Jane Austen, assegura-me Leopoldina.

* * *

Uma tarde, recebo uma chamada urgente. Leopoldina sofreu um AVC e alguém dos serviços avisa-me que está internada no hospital. O acidente afetou-lhe a fala.

Dias depois, munido de um bloco-notas vou visitá-la sem saber muito bem o que esperar.

Quando ficamos sozinhos no quarto pergunto-lhe em que está a pensar.

Sinto falta das nossas conversas e dos nossos passeios. Sonho todas as noites também com a aldeia de São Romão, escreve ela, e através da sua trêmula caligrafia sigo-a pelo alpendre do forno comunitário e pelas conversas das mulheres que ali vinham cozer o pão. Leopoldina descreve as pessoas que paravam ao cruzarem a aldeia: ciganos, lavradores, vendedores, com os seus cavalos e burros, o seu humor e o desdém pela vida gasta e esbatida. O avô sentado no banco corrido, ao sol. Diz-me ela, com as palavras que saem, lentamente, da ponta da caneta, como recorda ainda a sensação do calor ao deitar, a luz do candeeiro a petróleo e as sombras dos adultos caminhando pelas paredes; o pai chegando à aldeia de bicicleta, vindo do trabalho.

Vejo-a a recapitular o verde da sua infância e as noites em que a mãe lhe preparava a ceia, a luz de felicidade cruzando o tempo e rebrilhando no quarto do hospital, agora ele mesmo transformado num espaço fora do tempo. Por momentos, parece que Leopoldina experimenta o prazer superior que é o das coisas recordadas, como vapores de nostalgia espalhando a sua frescura pelas veias. A derradeira experiência do presente que nos traz o passado embrulhado na fantasia que aniquila todas as más lembranças e imperfeições do mundo. É uma mulher de olhos mortiços que se emociona silenciosamente quando me descreve, no papel, o perfume de madressilvas, das rosas e orquídeas bravas aveludadas desabrochando na primavera, pela colina sobranceira à aldeia. Ela e as irmãs correndo descalças sobre os muros dos canteiros de arroz. O coaxar das rãs e as cobras-de-água em fuga por entre o arrozal. A fruta colhida e comida no cimo das árvores e o cheiro dos melões e das melancias; as rixas dos trabalhadores sazonais dos arrozais.

Um conjunto de personagens que entram e circulam, tranquilamente, pelo quarto.

Digo para mim que é a sua existência que se cristaliza na trêmula caligrafia, transformada em poesia e em flores de alegria, arrancadas com o coração.

Gosta de pássaros?

Leopoldina fala-me dos primos e dos outros rapazes da aldeia perdidos pelos campos e num espaço imaterial, em busca de ninhos. O idílio campestre como abrigo e resistência à privação, descrito numa paz recolhida. Ela acredita que algumas espécies em vias de extinção estão mesmo de volta à charneca.

Quando se cansa de escrever, continuamos através do olhar, dos gestos e da imaginação. O seu rosto com os olhos mergulhados numa água profunda, a marca das rugas em redor da boca, no queixo e debaixo dos olhos; a face timbrada e serena. Por fim, escreve que é uma pena não poder ser enterrada no cemitério de São Romão, a sua aldeia natal, como é o seu desejo.

Está encerrado há muitos anos.

Nisto, penso na vida consumida e na alegria que lhe resta; na aldeia como um cantinho do universo. Penso também na dilação do tempo, na permanência e na eternidade; nos momentos que compõem a sua odisseia. Percorre-me uma saudade indelével pela paisagem doce e idílica do Vale do Sado. Uma saudade de charnecas, montados e serenos arrozais, que eu nunca vi.

Vá lá por mim...

2

Cumprindo a promessa feita a Leopoldina, deixo a cidade de Setúbal e vou pela estrada nacional que atravessa a região de Gâmbia, rumo a Alcácer do Sal, por entre uma paisagem de montados de sobreiros tristes e uma floresta perfumada de pinheiros-mansos, e é quando um misterioso comando interior leva-me, subitamente, a descer do ônibus, numa das paragens, e a fazer o resto do caminho a pé. Uma hora depois tenho à minha frente toda a extensão do sapal. Cruzo a colina de sobreiros até que avisto, ao longe, o rio Sado, o pontão de madeira e a casa abandonada na margem. Por perto há um conjunto de ruínas de uma feitoria fenícia, construída há mais de 2 mil anos, e um mapa de cores desbotadas, afixado num poste, assinalando a sua localização. As ruínas dos fornos e das infraestruturas milenares surgem dispostas no chão, por entre a erva alta e seca, envolvidas no seu mistério. Daqui avista-se todo o estuário do Sado e terá sido assim quando chegaram os primeiros fenícios nos seus trirremes, no século VI a.C. a este lado obscuro da Europa.

Atravesso, depois, a aldeia de Monte Velho, deserta, sem vivalma à vista, como se tivesse sido abandonada numa operação organizada, antes de cruzar a linha do comboio e caminhar ao longo de um passadiço de madeira velha.

O maquinista de um comboio de mercadorias apita furiosamente quando me vê surgir, depois da curva. Faço-lhe um leve sinal com a mão, mas ele apenas olha-me, intrigado e soberano, na sua locomotiva laranja.

Quando o último vagão passa, atravesso a linha e salto a vedação de um pinhal.

A chuva dos últimos dias cavou pequenos, perfeitos e simétricos buracos no chão de terra fina, uma terra úmida e fina que se desfaz sob os meus pés, tornando mais difícil a caminhada. Desço a colina em direção a uma velha picada, onde vestígios de rasto de rodas de automóvel desaparecem por entre a vegetação rasteira. O orvalho das ervas molha a ponta das minhas calças. Pardais, melros e tentilhões fogem por entre as árvores à minha passagem. Entre a aldeia de Monte Novo e a cidade de Alcácer do Sal não há povoações ao longo da linha de comboio, e as únicas casas habitadas situam-se do lado esquerdo, nas encostas das colinas, para lá dos últimos arrozais, não muito longe de quintas brancas com grandes celeiros e vacarias rodeadas por sobreiros e ligadas entre si por estradas de terra.

O ar está fresco e pleno do chilrear de pássaros. A algumas dezenas de metros, o rio surge estático, por entre duas breves colinas de sobreiros verdejantes, como um espelho velho e fosco, que a neblina matinal torna ainda mais misterioso. Para jusante, a ponte de betão, onde a autoestrada cruza a lezíria e o rio, emerge das névoas com os seus três arcos de betão, contra um céu cor de chumbo. Enquanto isso, a picada transforma-se num velho caminho já mal visível por entre as ervas do pequeno bosque, que um pouco mais à frente dá lugar aos arrozais alagados pelas últimas chuvas.

Chego à ornitologia com a descrição da fauna e da flora da região, feita por Leopoldina, ainda frescos na minha memória, uma espécie de segredo de infância revelado. A verdade é que nunca me interessei pela predação das sementes ou o controle biológico dos animais, sobre o que comem as aves, nem no seu papel na dispersão das sementes dos frutos. Caminho de binóculos ao peito e com uma caderneta na mão, esperando anotar as linhas, o formato e a cor do bico, a cabeça, o dorso, a cauda, a plumagem e tudo mais que me possa ajudar a identificar o pássaro. Mantenho os ouvidos atentos a qualquer som e vou pelos arbustos atento às copas, o solo, os charcos, os céus, na esperança de ver um chapim-real ou uma trepadeira-comum, e com um pouco de sorte um arrabio ou outra espécie ainda mais rara.

O estuário vai ficando para trás à medida que sigo, guiado pelo canto das aves, mas a minha competência para observar pássaros raros revela-se nula. Mesmo assim, deixo-me ficar durante longos períodos de tempo de atalaia sob as copas das árvores, mas a dado momento guardo definitivamente os binóculos e arrumo o caderninho de apontamentos.

Vou pela linha do comboio até avistar o canal de rega. Por vezes, o terreno elevado permite-me uma magnífica vista sobre o espelho d'água do Sado, mas nem o sinal de um bote cruzando as águas. Nem mesmo quando a neblina levanta, revelando, na outra margem, as copas dos pinheiros-bravos, como intermináveis filas de vigorosos manjericões.

A região ganhou nova pujança depois da construção da barragem, em 1949, e a cultura do arroz disparou, fazendo do Vale do Sado o maior produtor de arroz de Portugal. A água para a rega chega através de vários quilômetros de canais, escavados e sobre pilares, ao longo das duas margens do rio. Pequenas pontes, a cada 500 metros, com pouco mais de 10 metros de comprimento, permitem atravessá-lo.

I

E como acontece desde que o mundo é mundo, o fim de um homem bate-lhe à porta. Neste caso a mais de 3 mil quilômetros de distância.

Eu tento focar a sua imagem na minha memória.

Um homem que tentou ser meu pai durante mais de 30 anos. Um filho que eu fingi ser durante a vida inteira. Um pai de papel passado porque biológico já não o podia ser. Em todo o caso, uma morte que me vai fazer regressar a casa, quando eu pensava já ter encontrado essa casa nesta ilha árida e sonolenta. Todos nós cremos sonhar mais ao sol do que ao frio; pelo menos há mais tempo disponível para tal.

A lentidão faz de nós enérgicos pensadores.

Fala-se que os dias parecem mais dados à reflexão nos trópicos. Para muitos cabo-verdianos, que fazem por viver ao ritmo do relógio europeu, é uma palavra completamente remota. Mas, ao contrário dos ingleses, por exemplo, podemos desfrutar, inconscientemente, claro, do luxo na forma de uma simples sombra. Seremos, talvez por isso mesmo, menos materialistas do que os outros e não é apenas pela aridez sonâmbula das ilhas. Há, também, por aqui uma espécie de desassossego metafísico estimulante da criatividade, especialmente ao nível musical. Apesar do isolamento, o céu azul e o mar vasto dão-nos uma ideia de continuidade da luz que banha todo o ser vivo e a convicção de que a nossa colher também chega ao topo do caldeirão da sopa do Cristianismo.

Então, o que é isso de ser tropical? Ser menos concreto e assertivo nas suas ideias e convicções?

É preciso arte para preencher as horas secas e as noites vazias por aqui.

A má notícia, como em toda a parte, chegou logo pela manhã cedo. Folheio alguns livros na intimidade da minha biblioteca, enquanto lá fora o dia passa rapidamente de fresco a ameno antes de dar lugar a uma breve canícula. Há qualquer coisa de absurdo, uma espécie de fingida angústia metafísica de pseudoescritor, quando tentamos enquadrar o protagonista de uma notícia de morte no contexto da história que temos entre mãos. Como se um fantasma passasse a habitar as entrelinhas, a saltitar por entre pronomes e substantivos. Verbos levá-lo-iam mais longe, com certeza. Quantas vidas estarão contidas nestas lombadas, dando corpo às evidências e possibilidades da Humanidade? Esta espécie de catedral que me serve agora de silencioso confessionário.

Algo de extraordinário acontece quando escritores continuam a falar-nos mesmo depois de mortos. Homens e mulheres que escreveram tendo, como ponto de partida, a consciência dos outros e daquilo que os rodeava. A literatura no centro das suas vidas. O mínimo que posso fazer é dedicar-lhes alguns minutos da minha concentração diária. Talvez por acreditar que transportam consigo a esperança de uma paisagem diferente, como o mercador que guarda no alforge o segredo de uma especiaria mágica, ou o viajante que cruzou desertos transportando consigo essa arma volátil chamada alfabeto.

Palavras meditadas *podem* ser verdadeiras ações. E na pena do escritor transformam-se no sublime ato revolucionário da literatura que é o de perturbar a realidade, refazendo-a, pois no íntimo, ninguém duvida em como esta está inquinada de erros grosseiros e paradoxais.

* * *

Penso no sortilégio que é a condição humana e o mundo contados nessa copiosa conjugação quase infinita de apenas 26 letras, das quais pode destilar-se a raiva e o ódio, o amor e a bondade, dependendo apenas das intenções de quem as maneja, e que nos ajudam a designar coisas pela vida fora, a perscrutar mistérios e a transportar a memória do mundo, incluindo a passagem do meu pai adotivo pela vida, assinalada em cartas vindas de países longínquos, terras frias e misteriosas, linhas difíceis de decifrar, num português esconso, mas plenas de intenção. Uma espécie de mar de tinta preta anunciando noites de tempestade.

De repente, tudo fica mais claro para mim.

Os livros à minha frente parecem-me de tal maneira transparentes que me vejo a caminhar a seu lado, atravessando um jardim, como outros pais que levam os filhos pela mão, mas sem que tenha coragem para lhe dizer que os sapatos que ele acaba de me comprar apertam-me horrivelmente os pés. Talvez esteja rendido e comovido até ao íntimo pela sua generosidade. E hoje, no dia da sua morte, na ressaca do derradeiro momento, identifico uma réstia dessa comoção enquanto coloco os livros no seu lugar, sabendo que nada era mais previsível, antes de me sentar na cadeira de balanço e preparando-me para digerir calmamente o fim de uma vida, o fim de um homem. O vento levanta as cortinas e empurra a poeira ao longo do soalho; uma poeira fina e implacável que envolve as casas da ilha, logo depois de acabadas de limpar e que se aloja em todos os cantos e locais possíveis da memória. Uma luta perdida à partida.

* * *

Penso num fim ideal para ele: um crime de sangue qualquer do qual poderá ainda aproveitar-se a mais pequena glória; uma flor morta que possa resplandecer alguma réstia de grandeza.

Mas sinto apenas raiva pela sua desfaçatez.

Saio para a rua, caminho um pouco para dar tempo e espaço para que o que quer que esteja dentro de mim expluda de vez, por entre o canto de um grupo de estudantes e a revoada de pássaros que risca um céu sem nuvens. É inverno em Lisboa, mas aqui o sol penetra tudo com os seus pesados raios de tristeza. Num breve instante, revejo a nossa viagem, há muitos anos, para Portugal, num quadro em que todos os elementos parecem estar arrumados numa imóvel tranquilidade, como nas estantes de um armário, inclusive as nossas sombras. Vem-me à memória o cheiro a naftalina da sua mala de viagem, os seus objetos pessoais, perfumes e loções de barbear, até que mudo de rumo, subo a rua e vou ver a casa onde ele cresceu, no Bairro da Ribeira Bote.

Por entre uma nesga da porta, vejo um jovem professor sentado num banco de madeira com uma dezena de crianças à sua frente, num chão de cimento. Vem-me então ao espírito os mestres-escolas deste mundo preparando-as para a vida, num quadro em forma de um poema sublime. A casa está em bastante mau estado. As pessoas que a ocuparam rebocaram aqui e ali com cimento e cal. Jovens do bairro fizeram um ginásio com alteres, no quintal. Ao fundo, num quarto anexo, vive uma jovem prostituta de olhos aguados e com uma rosa vermelha tatuada no pescoço.

Em Portugal, as notícias dão conta de madrugadas frias, tendo, inclusive, chegado a nevar em Lisboa, o que raramente acontece. O meu pai adotivo foi encontrado num dos quartos de um prédio em obras de remodelação, cujo proprietário permitia que sem-abrigos ali pernoitassem nas noites de frio mais intenso. Estava de lado, destapado, agachado, vestido e calçado. Ali por perto havia sacos de plástico, onde ele guardava as suas coisas, e uma velha mala. Vestia calças de ganga e tinha o cinto e os botões da braguilha desapertados. Dir-se-ia estar ainda a dormir, sobre o colchão, com as costas voltadas para a parede.

À noite, observo o reflexo das luzes dos barcos na baía do Porto Grande, que tremeluzem no silêncio das águas, como uma bandeira sem mastro, caída do Monte Cara. O local a partir do qual a paisagem da minha infância mudou para sempre.

Não há dúvida em como o tempo é o nosso maior verdugo e só mesmo a própria pessoa pode cruzar o abismo que ela deixou crescer dentro de si.

O meu pai adotivo morreu sem dor e sem ruído.

Enquanto exalava o último suspiro, pergunto se as pedras do passeio, em frente, ter-se-ão lembrado do peso do seu corpo e da sua derrota há muito anunciada. A tarefa mais difícil não é imaginá-lo morto, frio e pesado, sobre um colchão. Nada me é mais penoso do que tentar imaginá-lo enquanto criança — a criança irrequieta e reguila que foi —, um hábito que carrego desde a infância e que se desata sempre que um adulto morre à minha volta. Só me resta a imagem do estremecimento que a sua cara e o seu corpo faziam ao rir, tentando encontrar de novo a sua forma inicial. O estertor do último autorretrato, numa madrugada fria e mutilada. No final, nunca sabemos se as imagens que nos passam pela retina vêm do exterior ou se seremos nós a produzi-las no nosso íntimo.

Dias depois, inicio o meu regresso.

Abandono a ilha onde, nos últimos anos, tentei retomar a vida que me faltara durante toda a minha existência de filho de emigrantes e resolver esse velho problema da minha pele identitária. Cumprido este desejo, o tempo desta vida idealizada esgotou-se e eu embarco para retomar a outra que me espera em Lisboa. Aquela em que eu sigo as pegadas do homem que finge ser eu próprio.

* * *

Vendo bem, em quase todas as culturas, a adoção é vista como um ato nobre em si mesmo, mas não é por isso que deixa de ser uma decisão estranha. Alguém que se oferece para corrigir uma anomalia superveniente nas relações familiares. Colmatar um vazio na vida de uma criança, mas sem perguntar o que esta acha.

Trata-se, naturalmente, de um amor transbordante, elástico, que leva a pessoa a abdicar da sua liberdade para assumir responsabilidades parentais, para as quais não tem a mínima certeza de estar habilitado. Muito diferente do cônsul romano, no filme Ben-Hur, que adota como filho o ex-escravo que lhe salva a vida num naufrágio, interpretado por Charlton Heston. Para a criança é uma incógnita desumana, mormente se esta sabe da existência do pai biológico. A fantasia de que um dia ele vai chegar. Como é que ela vai gerir a situação? Irão bater-se, disputá-la, até à morte? Os irmãos-de-criação, esses novos elementos de uma família, muito comuns em épocas de fome, guerras e miséria, também carregavam consigo essa incógnita. Quase sempre associados a histórias dramáticas de pobreza e de maus-tratos, estes encontravam na família de acolhimento uma espécie de oásis, crescendo e educando-se no seu seio.

Clarinha, a irmã-de-criação da minha mãe, entrou na nossa família durante a fome de 1940. Quando ainda hoje fala dela, as suas palavras carregam mais amor do que quando refere o nome da minha tia, sua irmã biológica.

Aos 8 ou 9 anos tive um primeiro vislumbre do que poderia ser esse amor-novo de filho adotivo, num bar do centro de Lisboa, como uma pausa nessa espécie de jogo desigual entre a criança e o adulto. Ele apresentou-me aos amigos pelas mesas e sentados ao balcão. Alguns jogavam cartas. Ouvi quando alguém se riu e comentou que o garoto era branco ou qualquer coisa parecida. Uma nuvem pareceu ter entrado por ali adentro e eu tentava desfazê-la de qualquer forma e resgatá-lo daquela situação estranha. Puxei-lhe pelo braço. Os amigos passavam a mão pelos meus cabelos e mexiam-me nas orelhas. E, assim, por momentos, defendi estoicamente essa paternidade imposta.

Certo dia abri a porta do seu armário e descobri aqueles casacos destinados ao rigor de invernos do norte da Europa e da América. Imaginei-me naquelas peles de animais, atravessando rios e lagos gelados a bordo de quebra-gelos. Havia igualmente uma camisa de pescador, de gola alta, bordada em lã, o mesmo modelo que Ernest Hemingway veste na fotografia de Yousuf Karsh.

A intensificação do odor a aventura.

E foi assim o início da minha tímida aproximação a esse pai postiço, embarcado (encharcado em álcool, também poderia dizer), que ia e vinha com o rigor incerto das estações do ano. Um marinheiro enfabulador em quem eu passei a projetar um heroísmo de história em quadrinhos.

3

O edifício da estação de comboios de Alcácer do Sal lembra uma qualquer dessas construções socialistas evacuada momentos depois de um acidente nuclear e nem mesmo a imaginação mais fértil consegue resgatar a vida que em tempos terá circulado por estas portas, assomado às janelas e se despedido pelas plataformas.

Os antigos lavabos para HOMENS e MULHERES estão como que selados e a poucos metros o depósito de ÁGUA eleva-se na minha frente numa pesada e fria solidão de fim dos tempos. Há muito que se extinguiram os comboios de passageiros por aqui, por isso é com estranheza que vejo dois adolescentes caminhando pela linha, na minha direção, minutos antes de um comboio de mercadorias começar a entrar lentamente na estação. Um dos rapazes fala ao ouvido do outro enquanto abraça-o, à medida que avançam pela plataforma. O comboio reduz a sua marcha ensurdecedora e, qual animal mitológico, ocupa toda a linha desde a curva até lá muito à frente. Os dois rapazes aproximam-se e nisto reparo como um deles, o que se move mais lentamente, é cego; vejo, depois, como o amigo vai descrevendo-lhe ao ouvido o número de vagões e o movimento do comboio. O sol ofusca a poente e o rapaz que descreve a cena faz uma pala com mão para evitar o reflexo. De seguida, ambos dão meia volta e o rapaz cego segue atrás do amigo com a mão direita pousada no seu ombro, caminhando novamente sobre as pedras, ao longo da linha. E eu sigo a estrada rumo às primeiras ruas da cidade, com a voz de Leopoldina na memória.

Ao viajante revela-se, de imediato, a dignidade melancólica de Alcácer do Sal: uma cidade recolhida, fechada, como se escondesse algum segredo antigo na semiobscuridade das suas ruas, mas ao mesmo tempo breve e sedutoramente hospitaleira. A mesma cidade aquática e sonolenta que Leopoldina visitou várias vezes, em criança, pelas festas de São João. Vou conhecer a pequena Biblioteca Municipal, não muito longe da Praça do Município, instalada num palacete do século XVIII, com escadaria em pedra e azulejos nas paredes. Ali mesmo ao lado, na marginal, há obras de modernização do piso e trabalhadores africanos de expressão vazia no olhar operam um cilindro para acalcar o chão. Sento-me, depois, numa esplanada e por momentos fixo o olhar nas nuvens grossas que se esfarrapam a poente, numa espécie de adeus maternal, enquanto vou sentindo o corpo reclamando de tanto cansaço, a querer soçobrar na cadeira, como um saco vazio. Do outro lado da estrada, está o corpo aquoso e mudo do Sado, comprovando que um rio não navegado será sempre um rio triste e inútil; uma tristeza de rio velho e esquecido, sem pompa, e que de certa maneira parece querer dizer-nos algo, como um lamento surdo. Camionetas da RODOVIÁRIA atravessam a velha ponte de ferro em direção a sul, sob um bando de gaivotas alvoroçadas. Ao longe, uma cegonha construiu o seu ninho no topo de uma longa chaminé de tijolos.

Na mesa ao lado, leio num jornal a notícia da descoberta, nas imediações da cidade, de uma sepultura de um cão com 7.600 anos — a mais antiga encontrada no sul da Europa. O esqueleto do animal foi descoberto durante as escavações de um concheiro mesolítico e a datação foi feita na prestigiada Universidade de Oxford. Fico a saber também como a dieta local dos canídeos, na época, era constituída, em parte, por proteínas de origem marinha, o que indica que o seu dono consumia muitos moluscos e que mais de 5 mil anos antes de Cristo o cão e o homem partilhavam, senão os mesmos temores, pelo menos o mesmo fluxo da vida e a nostalgia de uma felicidade marinha.

Moluscos, carne ou peixe, o certo é que a gastronomia pré-histórica convida a que nos entreguemos aos desejos do estômago e às exigências do paladar. E, assim, após uma breve sesta na Residencial Cegonha, saio para comer qualquer coisa. A cidade contempla a lezíria e o seu verde vasto e alegre, por entre a fugacidade das suas ruas. As águas brandas e delicadas do Sado, longe de qualquer magnificência, compõem o friso desta cidade branca. O espírito do *ksar,* castelo que lhe dá nome, espreita lá do alto da colina, misterioso ao entardecer, num diálogo antigo com o rio, e que não é mais do que um desejo do mar. Uma relação que contém em si séculos de história, impérios e batalhas, paixões fulgurantes nas quais a vida revela toda a sua essência.

Depois de conhecer as ruas do centro histórico e admirar o ar episcopal das fachadas com as suas janelas e varandas, passo os olhos pelo menu do dia do restaurante O Poço, que aconselha feijoada de chocos para o jantar. Entro e vou sentar-me a uma mesa perto de duas jovens turistas estrangeiras. Tiro da mochila o bloco-notas e tento reinventar a forma do momento, desvendar o que ficou da poeira de quilômetros sob as solas, e dar cor às paisagens que flutuam ainda na minha cabeça, no pulsar monótono das minhas veias. Sabemos como, da memória ao papel, a viagem dos fatos corre o risco da hipérbole e a nostalgia que produz a curva de um rio também pode, no fim de contas, revelar-se uma impressão de absoluta flacidez; uma alteridade que procuramos afixar no papel, fazendo das palavras pregos de um edifício pleno de perguntas e respostas — mais as primeiras do que estas — e que raramente cresce a prumo.

E é então que um homem num terno escuro se aproxima e, numa delicadeza branda e nostálgica, inicia uma conversa com as estrangeiras. O inglês enferrujado de ex-emigrante é suficiente para o indivíduo entabular um diálogo desapaixonado e dar-lhes conta de que trabalhou alguns anos numa fábrica de peixe, na Terra Nova, no Canadá. Elas são holandesas, respondem-lhe com uma remota simpatia, viajam sozinhas por Portugal. Na parede da sala, um *poster* gigante do jogador Cristiano Ronaldo sorri, triunfante, com um pequeno troféu metálico entre as mãos. Ouço quando o homem aponta para a parede e diz algo como o mais caro jogador do mundo ou o melhor jogador do mundo... A conversa deixa o trivial quando o alentejano consegue, finalmente, atrair a atenção das duas jovens turistas para a história da antiga Salacia Imperatoria Urbs, e fazer-lhes um retrato exageradamente entusiasmado da cidade de Alcácer enquanto romana.

It was a salt region, oh, yes, very rich city with many salt mines.

* * *

Com os olhos no *poster* do jogador português, hesito um pouco em falar-lhe de Diocles, esse corredor de quadrigas do Circo Máximo de Roma, que também, dizem, terá pernoitado sob o céu de Salacia Imperatoria Urbs. Há quem defenda que o lusitano Gaius Appuleius Diocles passou por aqui, a caminho das corridas do Hipódromo de Miróbriga. Apesar de ficar longe da sua Emérita Augusta natal (a Mérida espanhola), Miróbriga, a atual Santiago do Cacém, um pouco mais a sul de Alcácer, possuía o maior hipódromo deste lado da Lusitânia romana, cujas ruínas podem ser vistas, ainda hoje, nos arredores da cidade alentejana.

Perguntei se o homem teria alguma vez ouvido falar deste jovem que, no ano de 120 d.C., e contando apenas 16 anos, sagrou-se campeão da Hispânia. Não falta quem diga que é graças ao dinheiro dos ricos comerciantes do sal de Salacia Imperatoria Urbs, grandes aficionados das corridas de quadrigas, que Diocles consegue mudar-se para a capital do império.

Mito ou não, é um mundo totalmente novo que se abre para o jovem corredor.

Com uma área 12 vezes maior do que o Coliseu, o *Circus Maximus* pode acomodar cerca de 150 mil entusiastas nas suas bancadas de madeira. Mas no auge da sua importância, que coincide com a chegada de Diocles, o espetáculo consegue atrair até um quarto da população da cidade, ou seja, mais de 250 mil romanos, espalhados pelas colinas de Avantina e Paletina.

A pista oval, de terra e areia, com um comprimento máximo de 920 metros e 150 metros de largura, estava dividida ao meio pela *spina*. Nas extremidades erigiam-se dois obeliscos, permanentemente manchados de sangue, já que era aqui que se dava a maior parte dos acidentes mortais. Apostadores, agiotas, ladrões e prostitutas instalavam-se junto às entradas. À volta dos estábulos dezenas de tratadores, de veterinários e de escravos faziam tudo para manter a boa forma dos animais. Após alguns números de entretenimento, como a decapitação ou o esventramento de escravos, a pista era limpa, as trompas anunciavam a chegada da procissão das quadrigas, que se alinhavam para a partida. Dos quatro cavalos da *quadrigae* o mais importante e de maior confiança do corredor é o que fica alinhado do lado interior. A volta na extremidade da *spina* é menor e este deve controlar a rapidez da manobra e o movimento dos restantes três cavalos.

Os quatro estábulos concorrentes mais importantes definem-se pelas suas cores: a *factio albana* (brancos), a *factio praesina* (verdes), a *factio veneta* (azuis) e a *factio russata* (vermelhos) — que, diz-se, terá inspirado a Ferrari. À sua chegada a Roma, aos 18 anos, o lusitano Diocles alinha na equipe dos brancos durante 6 anos. Mas só no segundo ano consegue a sua primeira vitória. Tem uma passagem de 3 anos pelos verdes, antes de entrar definitivamente para os vermelhos. Nunca fará parte dos azuis.

O auge de uma carreira nas quadrigas atinge-se aos 22, 23 anos. Os acidentes são muito frequentes e quase sempre fatais. Apesar de o corredor ser o dono das rédeas e do chicote, num só segundo pode perder o controle da situação, perder uma roda e ser atirado contra as barreiras. Plínio, *o Velho,* aconselhava o tratamento das horríveis feridas dos corredores de quadrigas com esterco de javali-bravo colhido na primavera e depois de seco ou aplicado fresco sobre os ferimentos ou ainda cozido em vinagre. Era também comum o uso de ópio para o tratamento das dores. Se não fosse pelas infeções, a morte podia chegar pouco tempo depois, e de forma violenta, normalmente entre os 20 e os 25 anos, num daqueles acidentes a que os romanos designavam por *naufraga*.

Fuscus morreu aos 24; Crescens, aos 22; Aurelius Mollicius, aos 20. Os poucos que sobrevivem retiram-se normalmente por esta altura.

De cada vez que coloca o elmo e as proteções de cabedal, Diocles sabe que a morte espreita em cada uma das voltas, como na célebre cena da disputa dos corredores do filme Ben-Hur, de William Wyler.

Antes de cada partida tem de se certificar que as rédeas estão bem amarradas aos pulsos e que a faca para as cortar em caso de acidente está ali ao seu alcance. O barulho que vem das bancadas e das colinas em redor é caótico e ensurdecedor. A histeria aumenta à medida que o *aedile* se prepara para dar o sinal de partida. Ovídio, na sua obra *Amores*, registou com grande realismo e humor o ambiente vivido entre as diferentes classes sociais que seguiam com ansiedade o desenrolar da corrida nas bancadas do Circo Máximo. Diocles e *Pompeianus*, o principal cavalo da quadriga, mostram-se serenos e expectantes. A sua confiança no animal e as 150 vitórias que ambos somam, das quais 100 em apenas um ano, fazem dele um elemento indispensável na equipe.

Outros como *Lucidus*, *Abigeius*, *Cotynus* e *Galata*, cavalos africanos e espanhóis, ajudaram a fazer dele o conquistador do Circo Máximo, com mais de 400 vitórias. Levaram-no de pobre e analfabeto a um homem rico e respeitado por todo o império. Depois dos corredores, os cavalos são as grandes estrelas do Circo Máximo, chegando alguns a serem mais famosos do que os próprios poetas, como foram os casos de *Andraemon* e *Polydoxus*. O jovem imperador Calígula costumava enviar soldados para fazer calar a multidão, para não enervar os animais. *Incitatus*, o seu cavalo preferido, gozou da maior das mordomias destes tempos: um estábulo totalmente em mármore, mantas de cor púrpura e um colar de joias.

Suetonius escreve como chegou mesmo a correr o rumor de que o jovem imperador tencionava fazer *Incitatus* cônsul romano.

Alinhados na pista estão ainda outros corredores, cuja função é trabalhar para que a *superestrela* da sua equipe acabe a corrida em primeiro. Esta começa e aos primeiros acidentes a multidão explode num *furor circense* amplificado pela grande quantidade de vinho que circula pelas bancadas. De cada vez que um carro choca e é arrastado pelos cavalos, a multidão vibra e bate palmas. Cada corredor sabe que uma vitória fará dele um homem rico e famoso, por isso não olhará a meios para tirar os oponentes do caminho. Mas Diocles, como defendem os seus admiradores, é amado por Júpiter, Castor e Pollux, deuses que protegem os eleitos.

Ao fim de cinco voltas, *Pompeianus* guia os restantes cavalos com firmeza impondo o ritmo acelerado. Nas duas que faltam vai ganhando terreno aos restantes, numa sintonia mecânica, entre corredor e equídeos, que ficará nos anais da história das corridas.

No ano de 146, o lusitano Gaius Appuleius Diocles retira-se aos 42 anos, com um total de 1.463 vitórias em 4.257corridas, tendo ficado 861 vezes em segundo lugar e 456 em terceiro. Diocles bateu também as marcas lendárias de Comunis Venustus e Pontius Epaphroditus, dois corredores dos azuis. Mas ficou ainda longe das 3.559 vitórias de Pompeius Musclosis (verdes) e das 2.048 de Flavius Scorpas (este mesmo antes de completar 27 anos).

No entanto, era um corredor que sabia como poucos gerir a sua carreira, selecionando as corridas consoante o valor dos prêmios em disputa. A fortuna que acumula ao longo da sua invejável carreira de *agitator*, durante os reinados de Adriano e António Pio, a astronômica soma de 35,863,120 sestércios — 10 mil milhões de euros, em moeda atual — confere-lhe o título do atleta mais rico de todos os tempos, com uma fortuna invejável, capaz de empalidecer a estrela Cristiano Ronaldo. Outra diferença entre Gaius Diocles e os restantes corredores do seu tempo é que ele viveu o tempo suficiente para gozar os proveitos e a fama que a carreira lhe trouxe.

Diocles nunca regressou à Lusitânia. Retirou-se com a família e alguns dos seus cavalos preferidos para a tranquila vila de Praeneste (atual Palestrina, nos arredores do Lácio), na encosta de uma colina, desfrutando da tranquilidade da vida no campo até à sua morte. Uma lápide erigida no local pelos seus filhos e outra em Roma, pelos seus admiradores, enumeram para a posteridade todos os seus triunfos, com as seguintes palavras introdutórias: *Gaius Appuleius Diocles, corredor de quadrigas dos Vermelhos; Hispânico de 42 anos, 7 meses e 23 dias. Conduziu a sua primeira quadriga pelos Brancos, em 122 d.C. Obteve a sua primeira vitória com esta mesma equipe pouco tempo depois. A sua primeira vitória pelos Vermelhos aconteceu em 131 d. C.*

E tudo, fala-se, graças ao sal de Salacia. A velha Alcácer.

II

Como um peregrino, caminho por entre memórias da nossa chegada a este bairro lisboeta, há quase 40 anos.

Percorro travessas e ruas, subo e desço por becos e esquinas com nomes misteriosos e sombras não menos enigmáticas. A sensação é a de quem procura a saída de um labirinto e intensifica-se mais com a curiosidade que me suscitam os novos moradores que chegaram nos últimos anos.

Há um novo tipo de comércio que mistura a oferta de produtos e comida exótica dos imigrantes asiáticos e as propostas mais sofisticadas das novas gerações de portugueses, que abriram casas de vinhos, de enchidos e de tapas. Recupero a memória dessa melancolia antiga que vivi ao deixar a ilha de São Nicolau e atravessar o oceano, para descobrir depois uma Lisboa luminosa e de colinas, o dorso de uma grande metrópole, onde iremos viver e crescer.

Entro por essa rua, essa espécie de antecâmara de outra dimensão, onde em tempos moramos, e de imediato uma parte remota de mim parece alcançar-me, como uma vibrante corrente de ar. O ruído metálico do elétrico nos trilhos desfaz qualquer ilusão de *fait accomplit* e traz-me de volta à verdadeira imagem da minha existência.

A angústia de então, opressiva e precoce na sua essência, não era mais do que um reflexo da tristeza que existia à minha volta. Estranhamente, reencontro-a nas janelas de guilhotina da antiga fábrica de vidros, nos tufos de plantas nos beirais dos prédios. A solidão quase humana das fachadas dos prédios ou o arrulhar dos pombos no telhado atormentando essa criança insegura que eu era. As gaivotas protegendo-se da chuva sob os beirais, a gritaria ensurdecedora dos alunos no pátio das traseiras, uma corrente ímpar de tristeza que parecia atravessar os móveis úmidos da nossa sala subarrendada, acompanhar a lentidão dos velhinhos pelos passeios e ganhar vida no olhar das vizinhas gêmeas septuagenárias; percorria a canalização ao longo da parede e a porta de travessas de madeira, a curva apertada da Rua dos Poiais de São Bento e a penumbra do estúdio de fotografia que ficava no prédio de esquina. Momentos que eram como restos de uma qualquer dessas doenças dos infantes. Tenho ainda na memória o som do arrastar das peças do dominó no tampo de mármore das mesas das tabernas; a melancolia da água da chuva descendo a rua, ao longo do passeio.

Vejo também o Palácio da Flor da Murta com o seu brasão no cunhal, o do Correio Velho, e depois a interminável Calçada do Combro, o gradeamento de ferro na parte superior das portas. A mesma penumbra da Travessa dos Mastros. O simples som da sirene estridente dos elétricos podia provocar-me momentos de profundo desalento e amargura. Imagens de tristeza e desconsolo: barcos rebocados lentamente no Tejo, a vista do arco de pedra sob a Rua do Alecrim, o cheiro a éter do posto de enfermagem da Cruz Vermelha, na Praça do Comércio, os cacilheiros cruzando o rio, com o seu rasto de espuma; a fachada do Palácio da Assembleia da República e a sua enorme escadaria em mármore; os guardas hirtos nas suas fardas engalanadas de luvas brancas – tudo compondo um quadro esmagadoramente baço e melancólico.

Este incontrolável sentimento podia ser também provocado pelo cansaço do vendedor de sorvetes, subindo a rua, pelos candeeiros tristes e desolados perdidos no nevoeiro azul das noites de inverno; nos três degraus de pedra da porta da rua, na placa de metal no portão da *Escola Primária nº 2, sexo masculino, ensino gratuito*, na Rua das Gaivotas; nas escadas de madeira que se viam na penumbra, através das portas dos prédios entreabertas; nos vitrais redondos das portas, nos pátios ensolarados com roupa a secar nas janelas, nas águas-furtadas que lembravam respiradouros de velhos navios, nas imagens religiosas nos azulejos sobre as portas. Uma lista que poderia continuar por aí afora, de forma inquietante.

Vejo corpos deslocando-se por territórios desconhecidos e pessoas que vão e vêm, misturando no seu trajeto as suas idades, o seu rumor e as ilusões do seu próprio tempo. Vejo tudo isso enquanto sigo por ruas que me conheceram quando criança, do meio das quais as minhas primeiras memórias, reunidas agora num único corpo, parecem observar-me à distância. A vontade de encontrar o que resta ainda em mim dessa criança levou-me mesmo a ensaiar algumas ideias vagas sobre as múltiplas possibilidades da existência humana e o caráter inelutável do tempo, como o homem que emigra e o seu duplo que fica.

Alimentei a ficção de ele poder dividir-se em dois, separar-se como uma célula, no momento crucial dessa decisão. Duas vidas possíveis, diferentes desventuras, diferentes amores e diferentes tragédias; colocá-los frente a frente e viver a angústia de Spencer Brydon, essa criatura saída da psique de Henry James: o homem que durante a noite persegue o seu alter ego pelos corredores escuros da velha mansão.

De um lado está o homem de meia-idade em que eu me tornei e do outro, como se corresse ainda por ali, atrás dos elétricos, nas suas sandálias de plástico, essa criança intrigada com a luminosidade dos dias e incapaz de imaginar que um dia se transformaria naquilo que eu agora sou. Esvaziando-me completamente do mundo em volta, dou um salto no tempo e vou ao subsolo da memória buscar um breve lampejo desses dias. Acontece-me, igualmente, ter alucinações com algumas cenas banais do quotidiano: pessoas sentadas nos cafés, solitárias, que me olham distraidamente, através do vidro, como se me reconhecessem.

Depois de uma breve conversa com a livreira da Rua do Poço dos Negros, circulo por bares e pastelarias, bebo um café ou uma água. Observo atentamente o que se passa à minha volta, ouço as conversas, analiso os gestos. Talvez esteja a atravessar um momento de crise existencial ou uma espécie de neurose qualquer e este vazio seja a nostalgia de um mundo perdido para onde inicio agora uma qualquer peregrinação. Pergunto-me se haverá algo de saudável nas neuroses e se a minha infelicidade infantil poderia resultar, então, da minha incapacidade em preencher uma visão qualquer, uma ideia, digamos, da minha ilha natal ou memória distanciada da nossa velha casa na encosta; uma alteração gradual nas minhas moléculas, capaz de levar à revolta e a uma atitude claramente autodestrutiva.

Finalmente, nesta zona antiga da cidade começara também, por essa altura, outra metamorfose: uma família que, a pouco e pouco, se vai transformando em novos portugueses. As raízes de uma vaga e obscura portugalidade, que irá criar em nós a ilusão de uma aventura extraordinariamente bem-sucedida. Na verdade, o mundo não muda. Nós é que mudamos.

4

Momentos são tempo e o tempo, pensando bem, também são coisas. Algumas tão grandes que as não podemos deslocar nem abraçar; eternas, talvez, como a cidade branca que agora reflete a sua solidão nas águas do Sado, como já o fizera nas águas do Calipus romano e do Xater árabe. *Uma metamorfose mestiça e de civilizações*, nas palavras de Leopoldina.

Regresso ao quarto da residencial, deito-me na cama e sem nada de especial para fazer ligo a televisão. Percorro os vários canais até finalmente parar no da BBC Entertainment, onde está a passar uma série inglesa de época. A história baseia-se na vida de Walter Tull, o primeiro futebolista profissional negro, a jogar na posição de centro-avante e um dos primeiros goleadores da *Premier League*. Pode dizer-se que a história do racismo nos campos de futebol da Europa começa com as proezas de Tull no *pitch*.

Mas, rapidamente apercebo-me de que a série da BBC mostra um lado de Walter Tull que eu desconheço por completo.

A personagem principal do filme veste farda de caqui e faz parte de um grupo de cadetes numa escola de oficiais do exército britânico. Numa das cenas, quando Tull e os cadetes se recolhem na primeira noite aos seus aposentos, este encontra junto à cama os sapatos dos seus colegas alinhados, ao lado de uma escova e de uma lata de graxa. O diretor da escola não lhe esconde o seu espanto por estar diante de um cadete negro, nem de que tudo fará para que ele reprove nas provas. O regulamento do exército britânico é claro, diz-lhe, lendo-lhe o parágrafo: *Nenhum soldado do exército britânico poderá receber ordens de oficiais negros ou mestiços ou de não europeus.*

A história oficial diz que Tull nasceu em Inglaterra em 1888, filho de um imigrante dos Barbados e neto de cortadores de cana. Depois de ficarem órfãos, Walter e o irmão Edward foram enviados para um orfanato, em Londres, onde vem a dar os primeiros pontapés na bola. Termina os estudos secundários e ingressa na equipe Clapton, um clube amador londrino. Mas na época de 1908-1909, Walter Tull ajuda a equipe a fazer uma boa época, vencendo a Amateur Cup, a London Senior Cup e a London County Amateur Cup. Os jornais desportivos falam de Tull como *a revelação da época*, destacando o seu *extraordinário jogo de pernas* e a sua classe *muito superior à média*. Com a sua imediata contratação pelo Tottenham Hotspur, Walter Tull tornou-se no segundo jogador profissional negro em Inglaterra, depois do goleiro Arthur Wharton.

No filme sobre a sua vida, Tull acaba por atrair as atenções de uma cozinheira ruiva e sardenta da escola de oficiais. Durante um passeio à beira--rio, revela-lhe que viajou pela Argentina e o Uruguai com a sua equipe. Depois da digressão pela América Latina, Tull recebe dos Spurs 10 libras pelo contrato e um salário de 4 libras por semana. Na época seguinte, a equipe é promovida à Primeira Divisão da Football League. O fascínio que o jogador exerce sobre os jornalistas contrasta cada vez mais com a pressão racista que Tull tem de enfrentar nos campos, onde tem de jogar perante um coro de 30 mil torcedores enfurecidos.

Apesar do seu talento, o clube chega à conclusão de que não sabe como lidar com o problema. Walter Tull é obrigado a mudar de emblema e em 1914 assina pelo Glasgow Rangers. Mas o eclodir da Primeira Guerra Mundial impede-o de jogar mais e era tudo o que eu sabia desta personagem. Assim, descubro que em janeiro de 1916, o ex-jogador cai doente na ofensiva do Somme, e é transferido para Inglaterra. O seu desempenho no campo de batalha tinha impressionado os seus oficiais de tal maneira que estes propõem-no uma promoção.

Depois de se recuperar, Walter Tull torna-se no primeiro oficial negro da história do exército britânico, rompendo com todos os regulamentos. Tull regressa aos campos de batalha como comandante de soldados que o seguem por entre balas e obuses, mas cai mortalmente ferido e, apesar de muitas tentativas dos seus soldados, o seu corpo nunca será recuperado.

* * *

Na alvorada úmida do dia seguinte, quando abandono Alcácer do Sal, vem-me ao espírito que muito antes de Tull homens de pele escura foram bem-sucedidos no comando de exércitos caucasianos.

Ao longo da estrada, que atravessa campos verdes ondulados em direção à cidade do Torrão, penso em Abraham Petrovitch Gannibal — o bisavô de Pushkin, o mais famoso mestiço na história da Rússia — observando os servos da sua propriedade e refletindo sobre a ironia da condição humana; ele, um ex-escravo negro, agora «dono» daquelas famílias *brancas* cujo destino estava indelevelmente ligado ao seu. Precisavam da sua autorização para se casar ou mesmo para enterrar os seus mortos, e em caso de venda da propriedade cada um daqueles servos, homens, mulheres e crianças, acompanhava a passagem desta, assim como os campos, as florestas, os rios, as aldeias, o gado, os cavalos e os cães, para o novo dono.

Gannibal, o cavaleiro negro russo — recuperado dos confins da História na biografia de Hugh Barnes — que cruzava a estepe nevada, nunca deixou de ser visto como uma figura bizarra, uma espécie de bom selvagem e antigo *protegé* de Pedro, *o Grande*. Poucos sabem que foi o mais brilhante guia intelectual e conselheiro do czar da Rússia, e um cultor da mente e da inteligência — matemático, linguista, diplomata e reputado militar. Voltaire apelidara-o mesmo de *a estrela negra do Iluminismo russo*.

Um desafio vivo e permanente às consciências racistas da época.

No final do dia, quando o céu escurece e a neve apaga os últimos vestígios de erva em volta da casa, duas gêmeas servas avivam o fogo na lareira e leem para o velho africano. São as únicas letradas da aldeia mais próxima, e ele próprio tem prazer em verificar os seus progressos desde que começou a ensinar-lhes as primeiras letras no último verão. Antes de servir czares e czarinas da Rússia, o jovem Gannibal serviu dois sultões turcos em Constantinopla. A imagem das duas meninas à sua frente traz-lhe à memória momentos que ele e o irmão Abdul partilharam em criança, na sua aldeia africana. O *general-en-chef*, que lidou bem com as humilhações, a traição, o exílio e o preconceito, na verdade nunca conseguiu ultrapassar o misterioso desaparecimento de Abdul na vastidão da Rússia. E agora que o outono da vida lhe vai bem avançado, o africano tem a consciência de que, provavelmente, a verdade nunca será revelada.

O velho Abraham Petrovitch recorda o dia em que ambos foram raptados na sua aldeia natal, no coração de África, e a chegada a Constantinopla. Revê o movimento das ruas calcetadas, as casas e a cúpula dos palácios junto ao porto; o harém onde iniciaram a aprendizagem do turco, do persa e do árabe. Ele e Abdul, dois escravos no meio de outros meninos na mesma condição, no Palácio de Topkapi. Até ao dia em que Pyotr Tolstoy (antepassado do autor de *Guerra e Paz*), o embaixador da Rússia em Constantinopla, compra-os e envia-os para Moscou para serem oferecidos a Pedro, *o Grande*.

Muito mais forte do que o choque sofrido com o frio moscovita, a viagem de três meses pela Europa de Leste continua viva no espírito de Gannibal. Para lá da janela da sala, vê como os flocos de neve se acumulam sobre os ramos da floresta de carvalhos jovens, em volta da casa, que ele mesmo plantou.

O carisma e a inteligência tornaram-no especial aos olhos do czar, em detrimento do irmão mais velho. E a pergunta é inevitável: por que razão não pôde Abdul gozar também das boas graças do soberano e ser educado como um príncipe?

Não possuíam eles o mesmo grau de exotismo de raras e estranhas criaturas? Não haveria espaço para mais uma curiosidade chegada dos trópicos? Mas o velho Gannibal não ignora que a sua educação na corte faz parte de uma estratégia para modernizar a Rússia, militar e administrativamente, e abrir o país ao mundo. Pedro, *o Grande,* descobriu que não havia matéria-prima mais indicada do que um ex-escravo negro para provar a eficácia das suas ideias a uma sociedade retrógrada, que continuava agarrada às longas barbas e às mangas largas dos casacos. O fato é que a imagem daquelas duas crianças negras continua a visitar o velho africano, na madrugada fria da estepe, de forma repetida, noite após noite.

Aos 9 anos, por ordem de Pedro, o irmão «Alexei» juntou-se à banda do regimento militar de Preobrazhensky, para ser oboísta, enquanto Abraham envergava o uniforme verde e o turbante branco do mesmo regimento, mas para iniciar uma carreira militar que o tornaria numa lenda. Entre as suas memórias mais recorrentes está o batismo de fogo, aos 8 anos, na guerra contra os suecos, nos arredores de Vilnius, à sombra esguia do seu czar.

A separação de Abdul, agora chamado de «Alexei», e os primeiros combates ditam o adeus precoce à infância e ao último laço familiar que lhe restava e Gannibal entra para o mundo dos adultos, num crescimento forçado de que nunca se irá recompor.

Para os frequentadores da corte, o verdadeiro filho do czar é o negro Gannibal e não o jovem Tsarevich Alexei, legítimo herdeiro Romanov.

Mas a timidez e o completo desinteresse pela vida militar só aumentam o desprezo do pai. A estranha ligação filial entre ex-escravo e soberano fazem do adolescente Abraham Petrovitch uma figura indispensável, uma espécie de secretário privado — olhos e ouvidos auxiliares — de Pedro, *o Grande*, em reuniões importantes com diplomatas e militares.

No calor da sua lareira, o velho Gannibal recorda agora os inúmeros segredos que partilhou com o seu czar, as longas horas passadas a seu lado, dormindo junto da sua porta, pronto para o servir sempre que ele o chamasse, com uma caneta e uma candeia acesa.

Nestes seus últimos anos, o velho general negro é atormentado pelo pálido Tsarevich Alexei — que lhe aparece em sonhos, numa camisola de dormir de um branco imaculado —, pela sua morte prematura depois de acusado de traição e nas implicações de Pedro e do velho Tolstoy no processo. Lamenta também nunca ter sido capaz de confrontar o czar sobre o paradeiro do seu irmão, «Alexei», e o seu súbito e misterioso desaparecimento, logo após o casamento forçado com uma jovem serva, aos 20 anos. À noite, os destinos trágicos dos dois jovens — as únicas crianças com quem partilhou brincadeiras na Rússia — giram na sua consciência, como dois astros errantes e sem luz.

Mas o fato é que Abdul acabaria mesmo abandonado à sua misteriosa sorte.

* * *

Quando, aos 20 anos, integra a comitiva do czar em visita ao infante Luís XV, Gannibal não pensa mais em Abdul. Os seus olhos estão fixos nos palácios e nas fachadas das ruas de Paris.

Podemos imaginá-lo rendido à exuberância do Jardim das Tulherias e às caras belas que se acotovelam no *Palais Royal*. Não faltou quem dissesse que o príncipe negro se deitara mesmo com algumas das renomadas *salonnières* parisienses — que não resistiam em levantar-lhe a cabeleira e enfiar os dedos na sua carapinha negra.

Leibniz franziu o sobrolho quando descobriu que Gannibal havia lido, da primeira à última folha, o seu trabalho sobre o cálculo diferencial e que também estava perfeitamente familiarizado com o tratado *Principia Mathematica*, de Newton. Finalmente, a paixão pela filosofia de Spinoza, Descartes e Bacon, fariam do *philosophe* africano um dos jovens mais cultos e brilhantes de toda a Rússia.

O jovem Voltaire apresentou-o ao seu amigo Montesquieu (*como poderia Deus na sua eterna sabedoria permitir que uma alma alva pudesse alojar-se num corpo tão negro*), em 1717 num café de Pont Neuf. Os três passaram os dias seguintes a percorrer as festas e os teatros de Paris. Para os filósofos do Iluminismo, Diderot incluído, o *Nègre du Czar* é uma clara exceção aos estereótipos e às ideias preconcebidas sobre o caráter «animalesco» dos negros e a sua «inferioridade absoluta».

Uma pequena exceção na rápida caminhada para a desumanização do homem negro.

O jovem de apenas 20 anos torna-se, assim, no modelo do professor que Pedro tanto deseja para «civilizar» a grande Rússia. Um prestígio superior ao modesto posto de tenente do Corpo de Engenheiros do regimento Preobrazhensky e um número cada vez maior de inimigos nos salões de Moscou e São Petersburgo.

Depois da morte de Pedro, *o Grande*, e da mudança de regime, Abraham Petrovitch inicia a longa marcha de 700 quilômetros, rumo à cidade de Kazan, às portas da Sibéria.

Por entre os goles do café fumegante, o velho africano relembra a tristeza e o silêncio da paisagem, enquanto penetrava aquele horizonte de neve e florestas sem fim. É o primeiro dos exílios que irá viver em forma de «comissão de serviço», longe dos corredores do poder. Gannibal passará três anos nestas fronteiras remotas do Império Russo, junto à Mongólia, com temperaturas de 40 graus negativos, com o pretexto de ali construir um forte.

Tempos depois, os ventos gelados que atravessam o lago Baikal chegam com a notícia de mais uma mudança na cadeira do poder. O russo africano inicia de imediato uma jornada de 6 mil quilômetros rumo a São Petersburgo. Apaixona-se perdidamente pela tímida e frágil Yevdokiya, durante um baile de inverno, no Almirantado. Mas a paixão de Gannibal por uma jovem que casava contrariada por ele «não ser da nossa raça» resultaria na humilhação pública, na chacota e no adultério. O escândalo rebenta quando Yevdokiya dá à luz um bebê louro e de olhos azuis, e mais tarde tentará mesmo envenenar Gannibal.

A esposa adúltera acabará exilada num convento, onde virá a morrer. Gannibal se casa com a aristocrata sueca-alemã Christine Regina von Sjöberg, que, para além de lhe dar cinco filhos, abre-lhe definitivamente as portas da nobreza, ajudando a espalhar o seu sangue negro por várias cortes da Europa.

O reconhecimento público pelos serviços prestados à Rússia chega, finalmente, poucos anos depois, pelas mãos da princesa Elizabeth, filha de Pedro, depois de tomar o poder num golpe palaciano. Para além de o promover ao posto de major-general, Elizabeth assina o decreto imperial que atribui a Abraham Petrovitch Gannibal a gigantesca propriedade de Mikhailovsky e os seus 569 servos, fazendo dele um homem rico.

A gratidão é um sentimento que Gannibal guarda bem fundo no coração. Por vezes, a memória das boas maneiras e o trato polido do marrano Jan da Costa atravessam-lhe o espírito, num estremecimento de saudosa amizade. Ambos, um muçulmano e um judeu — dois circuncisados, portanto —, tinham conseguido sobreviver naquela Rússia tacanha e hostil. O português conseguira também para si e para a sua família as boas graças de Pedro I, apesar do ódio visceral que o czar nutria pelos judeus. Chegara a Moscou vindo da Holanda, depois de fugir à Inquisição portuguesa. Terão sido as suas qualidades intelectuais a aproximar o jovem negro do judeu português e a levar Pedro, *o Grande,* a convidá-lo também para a corte, numa decisão inédita. Era um homem espirituoso e conhecedor de línguas europeias, mas, como Gannibal, não escapou à inveja e à intriga palaciana. No final, o português seria também vítima das habituais brincadeiras de Pedro, *o Grande,* que lhe concedeu o título de *Rei dos Samoiedos* e um reino na esquecida ilha deserta Sommer, junto à Finlândia.

Das suas conversas ficara-lhe o número impressionante de negros que Dacosta disse existirem em Lisboa.

Agora que os carvalhos e os abetos enfrentam pacificamente os ventos glaciais e o seu jardim se estende até às margens do lago, Gannibal recorda este período como um dos mais felizes de toda a sua vida. Quanto à biografia que tanto desejou escrever, crepitaram na fogueira do medo e da angústia as centenas de páginas que contavam a saga do menino raptado na aldeia africana com o irmão, e o extraordinário destino que lhe estava reservado. Talvez o remorso e a memória de Abdul fossem ruínas demasiado pesadas e a sua meninice em África, avivada agora no fogo da velhice, o tivesse transformado num velho eremita atormentado, incapaz de distinguir o sonho da realidade.

* * *

O outro general negro à frente de tropas caucasianas era filho de um aristocrata francês, plantador de cana falido, na colônia de Saint-Domingue, e de uma escrava negra — o que fazia dele marquês.

À beira da ruína, ao pai não restou outra opção senão mesmo vender Thomas-Alexandre Dumas Davy de la Pailleterie, em Port-au-Prince, para pagar a passagem de regresso à França. A condição era Antoine de la Pailleterie resgatá-lo, logo que chegasse à Europa e recuperasse o patrimônio da família, de que era o legítimo herdeiro. Assim, dos caminhos de terra batida e das barracas miseráveis das plantações nas colinas de Saint-Domingue, o jovem Alexandre vê-se, de um dia para o outro, rodeado pelas paredes bafientas de um castelo da Normandia. Sente a suavidade das novas roupas de seda, jaqueta e sapatos de fivela.

Recuperada a fortuna, pai e filho mudam-se para uma cidade nos arredores de Paris. Alexandre apressa-se a receber a formação intelectual e física indicada para um jovem conde, ainda que negro. A cidade de Paris que Thomas-Alexandre visita regularmente está povoada de outros negros «americanos» de peruca branca, lábios pintados e a pele embranquecida pelo pó de arroz, vestidos com as melhores roupas da moda ditadas pela corte de Luís XV.

Um deles, o elegante Chevalier de Saint-Georges, exímio espadachim, vai ser o professor de Thomas-Alexandre na escola La Boessière. Aqui, o jovem aprende, entre outras matérias, a arte da esgrima e a montar. Saint-Georges, homem de múltiplos talentos, professor de esgrima e um dos maiores espadachins de toda a Europa, fica impressionado com a sua extraordinária capacidade física e em particular o seu talento para o sabre.

Thomas-Alexandre encontra uma França do Iluminismo, das ideias reformistas e libertárias, onde as normas do *Code Noir,* criado por Luís XIV para regulamentar a escravatura nas colônias, são contestadas, todos os dias, nos tribunais da metrópole. Mas é também um país que não sabe muito bem o que fazer com a sua população negra e mestiça. Embora seja conde por via sanguínea, Thomas-Alexandre e todos os aristocratas «não brancos» estão proibidos de usar o título em público. Mas a pequena fortuna que mensalmente recebe do pai permite-lhe viver como um *dandy* e desfrutar dos prazeres da vida, deixando as mulheres entusiasmadas com as suas histórias de selvas, pântanos e jacarés das colônias da América.

Mas tudo acaba numa zanga com o pai depois de este ter se casado com uma antiga empregada, como revela Tom Reiss, no livro *O Conde Negro*. A mesada de Thomas-Alexandre é cortada. Sem qualquer profissão que lhe permita continuar a boa vida, alista-se no Sexto Regimento dos Dragões da Rainha, uma cavalaria ligeira, como soldado raso. Aos 24 anos, abdica do posto de oficial a que qualquer nobre tem direito por nascimento e adota o nome de Alexandre Dumas, o apelido da mãe escrava, abandonada em Saint-Domingue.

No calor da Revolução que se abate sobre a França, o regimento do soldado Dumas recebe ordens para proteger a cidade de Villers-Cotterêts, a leste de Paris. Os primeiros sintomas da paixão de Marie-Louise por este soldado de pele escura, que ficara alojado na estalagem do seu pai, ficam registrados numa carta que ela escreve a uma amiga em que elogia as suas boas maneiras e esbelta figura. Quem também não resiste ao charme do soldado Dumas é o próprio pai da jovem, impressionado pela sua inteligência e personalidade. No entanto, antes de conceder a mão da filha, o pai determina que o casamento só se realize depois do jovem Dumas ser promovido a sargento.

Nesse verão de 1789, Dumas e os Dragões da Rainha continuam a tarefa de policiamento das vilas e das cidades, dos eventos públicos, tentando controlar a violência que começa a engolir a França. Dumas dá provas de grande valentia e destemor — por vezes até suicidas — em rápidas ações de guerrilha contra tropas holandesas e austríacas, no território belga, já numa fase de expansão da doutrina da Revolução.

Em 1792, três anos depois, o homem que entra na pequena cidade de Villers-Cotterêts louro e de olhos azuis, sua noiva tinha sido promovido a tenente-coronel, comandando uma legião de duas centenas de soldados negros, ávidos por espalharem os valores da *Révolution*. E pouco mais de um ano depois, com a extinção da *Légion Noire*, Dumas é promovido pelo Ministro da Guerra ao posto de brigadeiro-general do Exército do Norte. O fim das monarquias defendida pela França revolucionária e os seus ideais de *liberté, egalité et fraternité* fazem aumentar o número de países inimigos. O exército precisa rapidamente de comandantes com carisma para as batalhas que se avizinham. E, aos 29 anos, o brigadeiro-general Alexandre Dumas é promovido a general de divisão, com 10 mil homens sob o seu comando.

O novo general recebe a incumbência de chefiar o Exército dos Alpes e forçar a passagem para a Itália entre os picos nevados, no Monte Cenis, uma verdadeira fortaleza natural. Depois de uma noite de leitura de *Commentaries*, de Júlio César, sobre a campanha da Gália, Dumas veste a farda para comandar as suas tropas fanáticas, de baioneta em riste, monte acima, em sucessivas cargas contra a artilharia piemontesa entrincheirada na montanha. Os seus soldados espalham a morte pelo glaciar, fazendo 900 prisioneiros e sofrendo apenas 40 baixas.

Napoleão Bonaparte, o comandante supremo do exército francês, rejubila com esta vitória, que abre assim o caminho para uma invasão da Itália. Mas Dumas e Napoleão entram rapidamente em choque sobre diversos assuntos, como os frequentes abusos da população civil por parte dos soldados franceses. Dumas nunca alinhou na reverência demonstrada pelos outros generais, e que Bonaparte tanto apreciava.

Pode dizer-se que o ponto de viragem na carreira militar de Dumas começa a desenhar-se no porto de Toulon.

Do alto da colina, o general avista os 54.000 homens, 1.230 cavalos, milhares de armas e munições, uma equipe de cientistas — engenheiros, astrônomos, matemáticos, médicos, artistas, naturalistas, etc. — que embarcam em 180 navios, na secreta viagem rumo ao Egito.

A conquista do Egito, que deveria providenciar a produção de cereais para alimentar exércitos franceses, na Europa, resulta num dos maiores desastres militares de Napoleão. A disenteria e a fadiga das longas marchas, a sede, a fome, e os ataques constantes dos beduínos destroem a moral das tropas. Derrotados os Mamelucos, os habitantes do Cairo veem as tropas francesas entrarem na cidade e, como escreveu um oficial médico que acompanhava a *expédition*, nenhum habitante daquela cidade teve a menor dúvida de que o general negro, *cuja figura lembrava um centauro*, e que seguia ao lado de Napoleão, era o chefe supremo daquele exército invasor.

Mas para além da descoberta da Pedra da Roseta e da técnica de coser as lombadas dos livros, pouco mais ficará da passagem do exército de Napoleão e da sua equipe de cientistas pelo país dos faraós. Napoleão Bonaparte entrega o comando dos seus homens aos generais e regressa à França, sem qualquer pompa. Dumas e o cientista Déodat de Dolomieu iniciam também o regresso numa galeota fretada em Alexandria, fugindo de um país e de um clima que lhe começava a afetar a saúde e a alma. Mas vários dias de tempestade e as difíceis condições a bordo obrigam-nos a aportar ao golfo de Tarento, a sul de Itália.

Nesta cidade napolitana, Dumas vai viver o calvário da sua vida às mãos do Exército da Fé Sagrada — as tropas do reino de Nápoles, inimigo declarado da Revolução Francesa. Os três anos de encarceramento na fortaleza de Tarento, as sevícias sofridas e o abandono pela França vão inspirar Alexandre Dumas, filho do general, a escrever *O Conde de Monte Cristo*, prisioneiro no Castelo de If. As injustiças sofridas por Edmond Dantès não são mais do que aquelas sofridas pelo general seu pai.

O homem que Marie-Louise abraça num apartamento de Paris, três anos depois, é uma pálida imagem do soldado hercúleo que ela vira entrar em Villiers-Cotterêts. Dumas ainda sofre de dores no estômago, coxeia e está magro. O cabelo caiu-lhe e está envelhecido para um homem de 39 anos. Perdeu parte da audição e da visão de um olho e tem a cara paralisada num dos lados.

A França que o general encontra já não é a mesma que ele deixou.

Depois da Convenção e do Diretório, Napoleão Bonaparte assumiu o poder absoluto. As escolas mistas são abolidas e leis especiais favoráveis à escravatura são reintroduzidas nas colônias. Todos os oficiais e soldados de cor são banidos do exército e proibidos de residir em Paris. Negros e mulatos necessitam agora de uma autorização especial para desembarcar em França. O novo regime de Bonaparte está decidido a eliminar todas as conquistas e direitos civis dos negros, adquiridos na febre da *Révolution*.

Para além de lhe serem negados os pedidos de reincorporação no exército, Alexandre Dumas corre agora sérios riscos de ser deportado da França. O general Dumas irá adoecer e morrer sem nunca receber a Legião de Honra pelos serviços prestados. Marie-Louise verá as portas fecharem--se-lhe, uma após a outra, perante os seus incessantes pedidos de uma pensão de viúva de um general, a que tem direito por lei. Por muito que queiram ajudar a família Dumas, os seus amigos mais leais, homens que combateram a seu lado e que sempre viram no general Dumas um verdadeiro herói, vão encontrar pela frente a decisão implacável do imperador que os proíbe de sequer lhe *falarem no nome desse homem*.

* * *

Glória, desprezo e ostracismo.

Dois oficiais negros nascidos das vicissitudes do século XVIII, amados pelos seus homens, destruídos pelo racismo científico e engolidos pelo monstro da História. Aparentemente, é a vida como uma mera repetição de gestos, um mimetismo sem fim ou qualquer objetivo visível. A solidão que espera todos ante o inevitável manto da obscuridade, sem o peso dos homens, das suas virtudes, dos seus crimes, da sua consciência.

O brasão da família de Gannibal tinha a imagem de um elefante e inscrito a palavra «FUMMO», que significa Minha Terra, na sua inolvidável língua materna. Uma espécie de Rosebud, com que carimbou as suas cartas e documentos até à sua morte, aos 85 anos de idade.

Apenas a família e alguns amigos próximos de Gannibal e de Dumas assistem aos seus funerais.

Os feitos do general negro francês serão revividos intensamente na pena do filho Alexandre Dumas e na prodigiosa memória de Marie-Louise. *Os Três Mosqueteiros* e *O Conde de Monte Cristo* como metáforas perfeitas dos desencontros da História.

Finalmente, o inacabado *O Negro de Pedro, o Grande*, escrito pelo seu bisneto, Alexander Pushkin, o pai da literatura russa, também como eterno epitáfio ao velho general Abraham Petrovitch Gannibal.

O manto do esqeucimento levantado pelo milagre da literatura.

5

Que me contam os primeiros raios de sol que cintilam lá embaixo nos charcos de água quando atravesso a ponte sobre as terras pantanosas da Barrosinha? Estou no local da batalha com o mesmo nome e que dividiu os portugueses de Oitocentos.

Atravesso o casario sonâmbulo em volta dos edifícios da Companhia Agrícola e entro no antigo *estádio* do Sporting Club da Barrosinha, onde ervas altas e mato rasteiro são os únicos espectadores nas bancadas de cimento. Uma mulher, única vivalma à vista, campina no meio do terreno do campo de futebol e, mal me vê, pergunta-me se sou um turista. De fato, só um turista poderia aventurar-se por estes campos e herdades esquecidas, longe dos olhares e da memória dos que passam à grande velocidade, ao longe, na autoestrada sobre a lezíria. Subo as bancadas e vou espreitar o terreno onde um punhado de homens terá expirado numa manhã de setembro. Mas não me parece que tenham sido estes serenos campos de arroz, onde repousa o restolho úmido da última ceifa, a causar a derrota mais histórica das hostes apoiantes de D. Pedro.

Na época, antes do cultivo intensivo deste cereal, já existia no local o extenso pântano provocado pela subida da maré e pelas águas do braço do rio Sado, que um pouco mais à frente penetra esta parte do Alentejo. Os arrozais, que naquele início do século XIX começavam a medrar com vigor pelas margens do rio, não me parecem também suficientes para afundar cavalos, artilharia e homens. O solitário e lânguido Sado é tão culpado pelo desastre quanto a incompetência dos estrategos do exército liberal, inebriados que estavam pelas primeiras vitórias e cantando de galo; tudo isso somado, é preciso não esquecer, à covardia da milícia e ao pânico na canela da soldadesca.

Nessa batalha, escreveu-se, terão morrido mais soldados liberais do que em qualquer outra desta guerra entre irmãos. Mas o mais curioso é que terá sido a lama a decidir o desfecho do conflito e não os tiros de canhão e de espingarda, num cenário tão próximo da então antiga e pacata vila de Alcácer do Sal, de onde terão vindo mirones a acoitar-se nos montes, do outro lado do rio, a coberto de sobreiros e amoreiras-bravas. As testemunhas de um espetáculo tão atroz, no meio do relinchar dos cavalos, das baionetas na carne e da fuzilaria ensurdecedora.

O episódio seria contado ao pormenor até ao último dia da velhice mais longa de todos quantos o testemunharam, do outro lado do braço do rio; mas antes terão corrido rumo à praça principal daquela vila com a novidade no fôlego. Juntaram-se aos que rompiam lençóis para ligaduras, punham a água ao lume e reuniam todo o álcool disponível para os que dali a pouco se iriam deitar na dor pelos catres já alinhados no pátio.

* * *

O general Lemos ordena o ataque em força e observa de longe o movimento da infantaria e a carga mortífera da cavalaria; o ar está saturado, irrespirável. O fumo da pólvora fere as narinas de homens e montadas; ouve os gritos e sente o reverberar do medo na face dos soldados.

Do outro lado, o tenente-coronel Florêncio José da Silva já perdeu o sentido dos movimentos e não compreende o que se passa também com os seus homens e por que razão estes correm em debandada para logo serem tragados pela lama, presos pela canela e pelos joelhos e a gesticularem como se anunciassem uma descoberta fantástica. Os que escapam à armadilha do pântano abandonam tudo e atiram-se possuídos pelo terror às águas do rio, sem nunca olharem para trás. Como sempre, a batalha é uma coleção de gestos esculpidos a sangue, gritos, respiração, medo, fuga, tudo emoldurado numa prece divina. No fundo, uma geometria de violência deslocando-se pelos campos úmidos, sob o olhar sereno de um bando de garças, antecipando o silêncio que se segue ao instante absoluto da morte.

Dias depois, um jovem oficial francês ao serviço das tropas absolutistas escreveu como a vitória dos miguelistas, *la victoire la plus complète et la plus singulière de toute la campangne*, era esperada. O general Lemos atacou os batalhões ingleses, explica ele, de frente e de forma intrépida, enquanto dois esquadrões às suas ordens, executando um movimento rápido, atacaram o inimigo ao mesmo tempo de frente, pelo flanco e por trás. Este foi obrigado a abandonar o campo de batalha na maior desordem, com os fugitivos tombando sobre os golpes dos soldados absolutistas, que provocaram uma verdadeira carnificina. Logo que apanhavam as suas embarcações, os poucos que o conseguiam levavam a Setúbal a notícia de uma grande derrota, fazendo com que um número considerável de armas e munições, algumas bandeiras e fortificações armadas caíssem nas mãos do exército absolutista.

Uma estrondosa vitória, de fato, e que valeria ao general Lemos o posto de tenente-general com uma recomendação para a Ordem de Cristo e que lhe aumentou em muito a reputação.

Na penosa carta escrita no dia seguinte, depois de ter caminhado 12 léguas de Setúbal até Palmela («Poderá muito bem calcular o estado em que me encontro»), o tenente-coronel Florêncio dava conta aos seus superiores como os 2.000 homens, 150 cavalos regulares juntamente com 2 peças de artilharia e 1 obus do exército inimigo, apesar da boa posição no terreno que ele (achava que) ocupava, lançaram o pânico entre as suas 1.300 baionetas, 40 cavalos e 2 peças de artilharia. Parte dos comandantes dos corpos e piquetes avançados — e por contágio o próprio Batalhão de Voluntários de Lisboa, formado à sua esquerda — abandonou as fileiras, aterrorizados com o rebentamento das primeiras granadas, largando as armas e fugindo em direção à vila de Alcácer do Sal («Foram baldadas todas as minhas ordens»), logo que as forças absolutistas se apresentaram à distância de um quarto de légua.

E como resultado do seu último esforço para reunir os homens e o destacamento de cavalaria em fuga pelos campos, ele próprio foi feito prisioneiro por cinco guerrilhas.

Estes só o soltaram pelas ofertas que lhes fez, valendo-se da sua capacidade negocial e da ignorância quanto à verdadeira importância do prisioneiro que tinham em mãos. Regressou à vila e foi recebido por 112 praças do seu regimento, reunidos e ansiosos, mas todos num estado miserável e sem sapatos, por os terem tirado antes de se lançarem ao rio para se salvarem.

* * *

A razão que evoca todos estes acontecimentos históricos, diga-se, pouco comuns na história lusa, é o fato de o negro Domingos, o tetravô de Leopoldina, ter sido um dos soldados absolutistas que gritaram vitória, após a debandada geral do exército liberal.

À noite, o general Lemos ordenou que o rancho fosse melhorado; comeram arroz com carne e beberam vinho até de madrugada. No dia seguinte, reuniram os 443 prisioneiros e a longa coluna iniciou a marcha para Campo Maior; porém, mal tinham ainda feito 3 ou 4 léguas quando viram chegar dois cavaleiros. Os oficiais reuniram-se com estes à parte e de seguida ordenaram que os oficiais liberais fossem separados dos restantes soldados prisioneiros. Chamaram também quatro praças a quem entregaram pás e picaretas.

Domingos foi um deles.

O grupo que levava os oficiais liberais seguiu à frente do grosso da coluna e mudou de rumo um pouco mais à frente, na direção de Algalé.

Leopoldina sempre acreditou que o que se passou depois está na origem da deserção de Domingos do exército absolutista.

Deixo a margem do Sado e vou pelos campos do interior, onde pastam algumas cabeças de gado por entre sobreiros. Retomo a estrada que liga Alcácer do Sal ao Torrão e caminho por mais de uma hora até chegar ao meu destino, mas, para minha surpresa, o portão da Herdade de Algalé está fechado. Do lado esquerdo, no muro de cimento branco e azul, uma folha branca afixada avisa que *Os assuntos relacionados com estas três propriedades devem ser tratados através do número de celular*... Ligo e do outro lado atende alguém com inequívoca autoridade na voz. Explico-lhe o melhor que posso o objetivo da minha visita, ao que ele me responde que, *De fato, foi um massacre o que fizeram ali naquele local, mas qualquer dia tenho de pedir à Câmara Municipal que participe na manutenção do obelisco ou começo a cobrar, a curiosos como você e a grupos de estudantes, as visitas ao monumento. Espere aí um pouco que vou ver se encontro alguém para o ir buscar, mas não lhe garanto nada...*

Gil, um alentejano bastante alto e calvo, acelera o jipe por entre sobreiros e pinheiros-mansos. Passamos as primeiras casas térreas ao longo da estrada, as antigas cavalariças, onde agora se guardam máquinas pesadas e tratores. Descemos uma ravina, passamos pelas obras de um novo canal de rega, viramos depois para poente e percorremos o vale por entre uma manada de vacas, que se levantam, atrapalhadas, correndo à nossa frente, juntamente com os bezerros. Paramos para o Gil abrir os portões de duas cercas e o obelisco surge à nossa frente, entre as bostas de vaca e o campo vasto e sereno. Sobreiros e castanheiros velam o monumento épico, a partir da encosta, como uma guarda de honra de espetros. Um símbolo que parece estar ali apenas para corporizar o vazio que resta da futilidade das guerras e das batalhas gloriosas. Não há bancos ou praça ajardinada em volta. O solitário obelisco ergue-se, silencioso, numa espécie de busca por um sentido de justiça.

Pelos meus cálculos deve medir uns 3 metros de altura e à sua volta plantaram um pequeno e tosco canteiro com uma cerca de arame, para as vacas não comerem as plantas, diz-me o Gil. O relato deste obnubilado episódio da Guerra Civil, parágrafo ínfimo da História portuguesa, está escrito numa das faces do monumento: a 2 de novembro de 1833, foram fuzilados os 29 oficiais do exército liberal, um dia depois da derrota na Batalha de Alcácer (Barrosinha).

Os prisioneiros foram trazidos em grupos de quatro e depois de caírem para a vala comum, outros quatro caminhavam ao encontro do seu destino, enquanto seis soldados miguelistas do pelotão de execução recarregavam os seus fuzis, tal como Leopoldina escutou da sua avó Eugênia, que por sua vez ouvira de Zulmira o que Josefa contara, relato que lhe chegou diretamente do marido, Domingos.

Este respondera à chamada do soberano juntando-se às suas bandeiras e levado pela sublime ideia de defesa da pátria. São dois mundos que estão face a face no momento da execução. Dois regimes, um monárquico e conservador, o outro liberal e reformista; dois apelos capazes de transformar a vontade dos homens e de sujar uma manhã alva e inocente. Apesar de lutar com as cores da tradição, o antepassado de Leopoldina encarna por excelência a modernidade. Domingos é a bandeira de uma sociedade mestiça e unificadora que já carrega no sangue o DNA luso do futuro. Transporta consigo uma harmonia de genes que desde o tempo dos árabes vem moldando o caráter do povo deste reino e é, em si mesmo, a expressão exemplar do homem moderno português.

Podemos pensar que é um jovem que está acima dos limites impostos pela cor da sua pele e que representa a fantasia, a rebeldia, o inconformismo, a poética do novo século. No fundo, um homem arguto, desenfreado e cuja harmonia moral permite-lhe fantasiar em plena liberdade. É difícil imaginar, daqui para a frente, qualquer sentimento de reverência que não lhe dê primeiro a medida dessa total liberdade, nem conhecerá, como muitos, a automarginalização enquanto arma de defesa contra a privação da vida. Tampouco será homem para defesas escrupulosas e vidas errantes enquanto estratégia de sobrevivência. Por vezes, nas camadas mais humildes da população, há quem consiga desenvolver a autoconsciência da sua idiossincrasia, o que lhe dá o sentido de equilíbrio entre ele e a moldura do mundo — no caso de Domingos, um mundo criado por Deus.

Nas outras duas faces do obelisco, já carcomido pelo tempo, estão gravados na pedra os nomes das *victimas deste acto nefando, presidido por Diogo José Vaz de Noronha, Corregedor de Beja, pelo Governo da Usurpação Os nomes dessas infelizes victimas terão sido os seguintes: Alexandre Ferreira Benfeito, Bento Branco da Paz Braz, António Teno Braz, António Tocinho Chambel, Francisco de Mattos e Silva Paula Botelho, Francisco Manuel Vieira, Francisco de Amado, Francisco Maria do Torno, João José de Andrade, Joaquim de Beja Capucho, João Maria de Oliveira, Lourenço Supando Manuel, José Gomes Martinho, António de Mira, Manuel Joaquim Afonso, Pedro Maria Craruijol.* Os restantes, cujo nome o tempo apagou na superfície gasta da pedra, estão agora definitivamente mortos. Para além da traição a essa ideia de um presente perpétuo e da batalha que sela para séculos o destino de um povo, no ar fica também o fio de um sentimento de inutilidade que por vezes resulta da História. A poeira que resta desse eterno combate com o caos, a desagregação e a decomposição que se segue.

III

Andresa do Nascimento começou por servir em casa dos Cavalcanti, uma família de origem piemontesa, no ano de 1889, na Rua do Poço dos Negros.

Um extraordinário eixo invisível atravessa os telhados de águas-furtadas deste bairro, unindo três pontos históricos: a minha primeira escola primária, frente ao largo onde se cavara o poço para enterrar os escravos negros mortos de Lisboa, o rés-do-chão dos Cavalcanti, onde Andresa se metamorfoseou na Preta Fernanda, e o humilde 2º andar habitado pela nossa família.

Talvez a africana mais conhecida da Lisboa do seu tempo, Andresa viveu num rés-do-chão não muito longe da nossa casa, na mesma rua. Todas as versões da vida extraordinária desta filha de catadores de purga de Ribeira da Barca, na Ilha de Santiago — ou natural da Guiné, como defendem alguns —, são baseadas na autobiografia fantasiosa que deixou. Tampouco podemos confirmar que Eça de Queiroz tivesse conhecido e muito menos subido a escadaria do Teatro da Trindade com a cabo-verdiana pelo braço, se bem que a imagem do par formado pelo ilustre escritor e a cortesã-mor do burgo agradasse, sobremaneira, à famosa *coquette*.

Uma história para não desmentir, diria a Preta Fernanda. A linguagem de *Recordações d'uma colonial* é assumidamente racista e reflete os quadros estereotipados da época. O livro, que ela assina como Fernanda do Vale, é o cartão de visita de uma outra mulher que, antes de ser famosa, foi aventureira, esposa, modelo, amante e mais tarde toureira, liberal, coriácea e destemida. Uma mulher lasciva que passava muito do seu tempo ao colo de diplomatas, ministros, artistas, escritores, jornalistas, e que noutras vezes aturava industriais da cerveja, como o marido alemão, Fritz. Andresa ainda arranja tempo para discutir com Almada Negreiros o Manifesto Futurista, sem nunca perder de vista as meninas do seu salão do Bairro Alto. Curiosamente, os seus passos nunca andarão muito longe desta zona histórica da cidade — que décadas depois irá albergar várias famílias cabo-verdianas —, tendo-se instalado com Fritz no Hotel de France, na Rua de São Paulo, ao chegarem de Dacar.

Quando Fritz morre, o mundo de Andresa desaba e ela é obrigada a procurar o seu sustento. Entre outros trabalhos serve de modelo para a estátua da mulher negra que segura a criança, aos pés de Sá da Bandeira, na Praça D. Luís. E é por esta altura que se dá o início da lenda desta espécie de Josephine Baker *avant-là-lettre*. A sua autobiografia revela detalhadamente como descobriu o amor a bordo de um veleiro capitaneado pelo bem-falante Jerónimo Antunes Martins, durante a fuga para o Senegal. Faz questão de enumerar os artigos comprados na modista francesa de Dacar: o chapelinho de tule preto, o espartilho, a saia de seda em ramagens, o corpete de mangas justas, as saias de baixo e as calcinhas de renda até ao meio da perna.

Evoca também um estranho mundo de cubatas, plumas ornamentais, ai-iués, tambores e de indígenas vestidos de tangas e saias de palha, da sua aldeia do interior de Santiago. Em 1912, quando *Recordações d'uma colonial* é publicado, Andresa tornara-se numa amarga e vingativa cortesã de 53 anos, que faz questão de elaborar uma lista exaustiva dos homens que passaram pela sua cama. A encabeçá-la está o capitão Jerónimo Martins, o industrial Kemps (Fritz), logo seguidos de uma vasta equipe formada por jornalistas, cabos, capitães, sargentos, criados, comerciantes, guardas, redatores, amanuenses, solicitadores, cadetes... não faltando mesmo um acrobata de nome Pissiuti. Fernanda do Vale/Andresa reserva ainda um pequeno capítulo final (fatal) sobre o desempenho sexual de cada um deles. Noutro campo, menos polêmico e num tom mais afetuoso, é possível encontrar uma curiosa referência à cachupa, prato típico cabo-veridano, e à sua confeção. Será, provavelmente, uma das primeiras de sempre, em toda a literatura. Este fato leva-me a pensar que Andresa do Nascimento/ Fernanda do Vale/Preta Fernanda talvez pudesse ter enveredado pela culinária e quem sabe mesmo influenciar os hábitos dos comensais das noites de Lisboa do seu tempo. No final da leitura, fica-se com a sensação de que a referência ao prato tradicional cabo-verdiano seja, muito provavelmente, o único fato verdadeiro em todo o relato da sua extraordinária vida.

* * *

E foi no dia do casamento da minha mãe que subi para o quarto das águas-furtadas com aquela menina de sapatos brancos e lacinho no cabelo.

Brincamos no escuro, mergulhados naquela fantasia de monstros e princesas imaginárias.

Recordo-me do calor pueril subindo-me pelo braço, em volta do seu ombro, o estranho fogo interior, a disponibilidade total para os meus tímidos avanços e o intrigante mecanismo de descoberta da vida em funcionamento. Os seus dois grandes olhos dominavam a penumbra e eu não resisti a tocar os seus cabelos crespos, impenetráveis como uma floresta. Imagino. Recordo, imagino, não sei bem, esse breve silêncio palpitante entre dois pequenos seres ausentes do mundo.

Aponto para a faixa de luz que desce da janela para o soalho.

«Eles vêm aí... não podemos fazer barulho, ouviste?» De mãos dadas e quase sem respirar, ela apenas responde:

«Sim, sim...»

Espreito-lhe então a linha da boca perfeita, o arredondar das palavras na sua língua, como que de maneira comestível. Nesta espécie de revisitação do local da inocência, nada me resta do seu nome. Apenas sei que estaria em trânsito para a Itália, vinda de São Nicolau. Uma tarde de verão em que dividimos o universo em dois. É impossível saber se serei o único a recordar aquele dia e toda a sua energia, ou o livro que ela trazia sempre pela mão. Se fechar os olhos ainda consigo ver os contornos e as cores da capa, mas sou incapaz de dizer que história ele retratava.

Um sopro de Ariadne, fio de memória tênue que de um momento para o outro se poderá partir. Para que o dia tenha mesmo existido basta que um de nós o continue a recordar. A noite é indispensável para que o desejo respire. À paixão pueril basta-lhe o pedaço de uma tarde guardada pelas paredes do tempo, e um pouco de imaginação febril para colmatar o vazio profundo que se instala à minha volta, depois da sua partida.

Na porta do velho prédio, onde moramos, há uma aldraba de ferro em forma das costas de uma mão de uma mulher jovem. Pura e macia.

* * *

Tempos depois, a minha mãe respondeu a um anúncio no jornal e foi trabalhar como empregada doméstica da Dona Amélia, uma viúva octogenária, pesada, de olhos aguados e braços roliços.

Um dia, à minha pergunta se alguma vez tinha bebido água da chuva a senhora afastou-se, intrigada, sem responder, perdendo-se na penumbra do corredor e balbuciando palavras incompreensíveis.

As árvores nuas e o lamento metálico do velho elevador de madeira do prédio da Avenida de João Crisóstomo preenchiam as minhas tardes, que eram pouco mais do que tristes, lentas e absolutamente desoladas e infinitas.

Da varanda eu via como as pessoas e os carros se confundiam na distância com a palidez dos edifícios. No interior, a voz monocórdica dos locutores da televisão, da rádio e da Dona Amélia, dando indicações à minha mãe, ecoavam pelas paredes, como numa sala de um museu.

Durante um verão, acompanhamos aquela família burguesa numas curtas férias, na sua quinta, nos arredores de Lisboa. Viajei perdido num canto do banco de trás do carro, hipnotizado pelo crepúsculo que descia sobre as árvores, como uma laranja gigante penetrando a terra. Recordo este momento singular como uma das memórias mais tristes de então, e que substituiu outras tristezas antigas que, entretanto, tinham esgotado o seu prazo de validade. Mas dias depois, o meu estado de espírito melhorou significativamente com os longos passeios pelo campo, naqueles intermináveis dias de calor estival, quando deambulava durante horas pelos pomares até alguém vir chamar-me para lanchar.

Eram tardes que me traziam a memória do calor sufocante das cabinas do barco, no cais do Porto Grande de São Vicente, que antecedeu o mar infinito e a viagem para Portugal. Recordo o terror sem resposta que é ver a nossa terra natal desaparecer no horizonte. O mundo do nosso mundo fundindo-se no ar, entre o azul do céu e a vastidão prateada do mar. Uma memória que chega misturada com o ruído metálico, insistente, da casa das máquinas do *Amélia de Melo* e que aumentava de intensidade. Ao fim dessa viagem solitária de cinco dias, em que vislumbrei os contornos vagos das Ilhas Canárias, redescobri a minha mãe, no meio da azáfama da Gare Marítima de Alcântara.

Na verdade, um estranho reencontro, pois foi como se estivesse, de repente, diante de uma estrela de cinema de rosto vagamente familiar.

Desci as escadas do barco pela mão daquele homem assaz peculiar que iria ser o meu pai adotivo e olhei na direção da figura sorridente vestida com um conjunto saia-casaco de lã bege com riscas castanhas sobre uma camisola de gola alta castanha e sapatos brancos. Uma mulher bonita, sem dúvida, com um sorriso curto e envolvente, emoldurado por uma fila de dentes alvos e bem alinhados. A alegria que me invade por aquela mulher distinta afinal ser a minha mãe, e que me leva a perguntar se não estarei a vê-la pela primeira vez.

Aproximou-se, pegou-me pelos ombros e apertou-me contra o peito. De seguida, abriu a mala e tirou de lá um bolo de arroz enrolado num guardanapo. No meio do fascínio e da vibrante felicidade, vi nascer a promessa de um mundo novo, naquele momento especial entre mãe e filho, que foi interrompido por essa figura que me acompanhara durante a viagem, que se aproximou dela e deu-lhe um beijo de leve nos lábios. Um beijo fugidio, para ser mais concreto, um encostar de lábios, aquilo que faz a diferença entre dizer «deram um beijo» e «beijaram-se».

É sabido que a infância é o melhor chão para os poetas involuntários, na medida em que a incompreensão do mundo é a primeira de todas as musas. Na televisão passava a série norte-americana *Uma mãe para Eddie*, a história de um menino mais ou menos da minha idade, cujo pai voltara a se casar, após o falecimento da sua mãe. Os seus olhos diziam que ele esperava, ansioso, que Eddie gostasse da madrasta.

Depois de ter sido conduzido pela minha mãe ao meu quarto, fiquei deitado sobre a cama e a ouvir as gargalhadas do meu futuro pai adotivo e da minha mãe vindas do seu quarto, ecoando pela casa. Recordei como na esplanada do bar do *Amélia de Melo,* durante a viagem, e juntamente a um grupo de amigos, ele dera-me várias moedas de 2$50 para eu ir levantar a saia das mulheres que conversavam na amurada ou junto ao balcão.

6

O Sado é como uma longa cobra adormecida que aguarda ainda o toque dos primeiros raios de sol.

Coberto pela sombra das árvores, o seu tímido caudal não chega sequer aos primeiros juncos da margem, deixando à mostra uma terra negra e luzidia, viscosa de lodo. Os rios também emagrecem na estação estival. Ficam como que esqueléticos, quase moribundos.

Observo, por instantes, as gotas de orvalho, como planetas misteriosos e cintilantes, equilibradas na ponta de folhas de caniços.

Dentre a erva, surge um lagostim vermelho escuro de pinças abertas, num ato que pode ser tanto de desespero como de coragem suicida. De repente, o pequeno crustáceo transforma-se num pequeno exército que atravessa a estrada e desaparece do outro lado do caminho. Arrastam-se como a legião de elite de um exército liliputiano.

Pelo caminho, recordo as imagens da exposição, e como a falta do batismo fazia dos escravos negros em Portugal pouco mais do que animais. Eram criados nesta condição, trazendo avultados lucros aos seus proprietários que os vendiam entre si como bestas de carga humanas. As grilhetas e as algemas de ferro, recolhidas por José Leite de Vasconcelos, repousam hoje em museus; uma animalização extrema revelada pelas coleiras de latão, que alguns traziam ao pescoço. *Este preto é de Agostinho de Lafetá do Carvalhal de Óbidos. Este escravo é de Luís Cardozo de Mello, morador em Benavente.*

Outras placas de metal, vermelhas e brancas, afixadas nas árvores, indicam-me que estou em terrenos de caça.

Vou pelo caminho estreito que atravessava o bosque, por entre pinheiros, sobreiros e eucaliptos. As silvas e os cães reclamam da minha passagem como guardas do país verde e intocado. Reencontro o canal de rega e sigo um bom bocado a seu lado. Passo por duas comportas; uma delas tem uma roda de metal com várias pás, e destina-se a conter o caudal e a controlar o fluxo de água da rega. A outra, maior, separa o canal de rega de um outro, a um nível inferior no terreno.

Tiro um sanduíche da mochila e bebo um pouco de água da garrafa. Do local onde me encontro, um terreno elevado, vejo o rio à minha frente, como um animal indolente, na sua cor metalizada. Em volta, apenas se ouve o chilrear dos pássaros nas árvores e o ritmo compassado das minhas passadas e do raspar das calças na erva mais alta.

Em algumas zonas o canal está praticamente seco. Noutras resta no fundo um pouco de água com limos, onde pássaros vêm beber e nadam peixes minúsculos. Vou por um caminho que me leva ainda mais para junto do rio, lá onde o vale se espraia numa espécie de lago de erva verde-amarelo do arroz que ainda espera ser colhido.

Perto da Herdade de Arouca chega-me o ruído do motor de uma ceifeira, vindo do outro lado do vale. A poucos metros, há um trator com atrelado e os dois pesados veículos lembram, à distância, dois mamíferos no meio da savana africana. A ceifeira move-se de lá para cá, num labor contínuo. As lâminas cortam os pés de arroz, formando círculos no chão. A cada vez que o condutor aciona a marcha à ré, ouve-se o sinal do alarme. Um bando de garças-brancas acompanha o movimento da máquina, como gaivotas sobre uma traineira, procurando bicar as larvas e os insetos expostos ao sol. O manobrador dirige--a para junto do trator, desce e direciona a manga da ceifeira para o atrelado, liga um mecanismo que começa a despejar ali os grãos de arroz acabados de colher. O sino da igreja de Vale de Guiso ecoa, longo e demorado, pela ribeira.

À medida que avanço a aldeia, sobre a colina, vai ficando mais visível na distância. A torre da igreja e as casas brancas, com os seus telhados vermelhos, parecem suspensas sobre as árvores que formam uma barreira entre a aldeia e os arrozais, onde filas de garças pontuam de branco o chão coberto de palha de arroz, acabada de colher. À entrada da Herdade da Crujeira, uma manada de vacas castanhas segue-me com um olhar desconfiado e admiradas com o recorte da minha figura na paisagem. A estrada está cortada por uma cancela presa por um arame à cerca. Desdobro-o, sigo pela herdade adentro e vou dar a um armazém de máquinas agrícolas, onde dois homens conversam de pé, à entrada.

Ambos apontam para as casas dos trabalhadores, lá onde devo encontrar Manuel Blasco, a pessoa que eu procuro. Um pequeno muro caiado separa a estrada das casas, que ficam a um nível superior, onde estão duas charruas de metal antigas e o que me parece ser uma primitiva máquina agrícola a motor. Está tudo muito bem conservado, sem qualquer sinal de ferrugem, como se estivessem a caminho de algum museu regional. Um trator sai do meio de uma rua de casas térreas contíguas e, assim que me vê aproximar, o condutor para e desliga o motor.

É um homem perto dos 70 anos, de estatura média, com uma camisa de flanela castanha, aberta no peito. Sinto-lhe os calos nos dedos quando apertamos as mãos. Confirma-me que, de fato, se chama Blasco e de seguida digo-lhe que sou amigo da sua antiga professora primária, a Dona Leopoldina, da escola de São Romão. O homem fita-me, por instantes, nitidamente confuso, talvez perguntando de que parte do mundo eu terei saído, e repete-me o que acabo de lhe dizer. Ficamos a olhar um para o outro, sem saber muito bem como sair daquele estranho impasse, até que lhe pergunto se posso beber um pouco de água fresca.

***

Tento encontrar na cara do indivíduo o mesmo bebê que chorava, numa alcova, em 1945, durante as obras de construção da Barragem Trigo de Morais, na manhã em que Leopoldina foi levar o almoço ao pai e viu um homem que implorava para que as mulheres, que também ajudavam na construção, ficassem com o seu filho, que o levassem e o criassem. Leopoldina contou-me que ficou de tal maneira perturbada que de cada vez que ia levar o almoço ao pai, carpinteiro de limpos, ficava ansiosa por ouvir as mulheres e os homens contarem sobre o que tinha acontecido ao bebê; com o passar do tempo, acabou mesmo por fixar aquele apelido.

O homem, o pai do bebê — de aspecto frágil e parecendo ir desfalecer a qualquer momento —, chegara ao Vale do Sado fugido da guerra de Espanha. Muitos anos depois, quando já era professora na escola primária de São Romão, Leopoldina sentiu o coração saltar quando, no meio dos nomes dos alunos que iriam iniciar a 1.ª classe, estava esse apelido tão raro e misterioso. A mãe do menino era uma jovem natural de Barrancos que Joaquin Blasco conheceu quando se refugiou em Portugal, fugindo ao avanço das tropas de Franco, e que morreu pouco tempo depois de dar à luz, quando o espanhol já estava a trabalhar nas obras da barragem.

Ao que parece, para além de Blasco, vários fugitivos espanhóis trabalhavam ali com o conhecimento de um engenheiro, que nunca os denunciou à PVDE, a polícia política portuguesa.

Blasco era um jovem poeta e republicano convicto, de Oliva de la Frontera, uma cidade da raia espanhola. O seu nome integrava uma lista de cidadãos desta cidade, entre sindicalistas, comunistas, socialistas, republicanos, alcaides e representantes do Estado que deveriam ser fuzilados no clima de terror instalado pelos falangistas, no verão de 1936. Antes da chegada das tropas de Franco à região, a aviação rebelde começou por bombardear várias cidades da Andaluzia e da Extremadura, enchendo as ruas de escombros e de cadáveres. O que se seguiu depois foi uma autêntica caça aberta aos republicanos, que se estendeu até à fronteira com Portugal.

Colunas com milhares de refugiados, homens, mulheres e crianças, abandonavam as cidades e as aldeias, num êxodo massivo, e atravessavam os campos, procurando atingir as zonas ainda controladas pelos republicanos; saíam em grupo e levavam consigo o que podiam: carros de bois, cabras, mulas, gaiolas. Pouco antes de Oliva de la Frontera cair, Joaquin Blasco juntou-se a um grupo que saiu pela calada da noite. Caminharam durante horas, até que ao amanhecer um ciclista disse-lhes que um grupo de falangistas tinha deixado a cidade e que vinha no seu encalce. Deixaram a estrada e só descansaram quando, depois de atravessarem montes e vales, avistaram o rio Ardila, que marca a fronteira entre os dois países.

Do outro lado, a cidade portuguesa mais próxima é Barrancos.

O rio corre por uma paisagem de serras cobertas por sobreiros, oliveiras e azinheiras. Pouco mais de 20 metros separam as duas margens; à espera para atravessá-lo estão centenas de refugiados espanhóis, como Blasco, vindos de outras partes da Extremadura e que aguardam, ansiosos, por uma resposta das autoridades portuguesas ao seu pedido de asilo. Entretanto, as tropas franquistas aproximavam-se rapidamente, dispostas a liquidar todos os fugitivos, lançando o pânico entre estes.

Finalmente, Blasco e os cerca de 773 refugiados espanhóis atravessam a fronteira, mas são obrigados a ficar numa faixa de terra com 25 metros de comprimento, ao longo da margem, pertencente à Herdade da Coitadinha. Famílias inteiras de todas as classes sociais estão por ali, mortas de fome, sentadas pelo chão, e dependentes da caridade dos moradores de Barrancos. Os refugiados lavam-se no rio e improvisam barracas com ramos de árvores e folhas; doentes e grávidas são atendidos por um médico local.

Salazar não aceita mais refugiados para além daqueles que estão no campo da Coitadinha. Joaquin Blasco, contou-me Leopoldina, integrou um segundo grupo de 299 refugiados, que permanecem noutro campo, secreto, graças a um tal tenente Seixas.

***

No campo das Russianas, os refugiados vivem do pouco que os barranquenhos lhes dão.

Crianças disputam com cães os pedaços de pão que os seus donos lhes atiram. Pressionado pela comunidade internacional, Salazar decide repatriar os refugiados para o governo da República, e é então que Seixas aproveita a ocasião e mistura os refugiados das Russianas com os da Coitadinha. O resultado é um excesso de refugiados espanhóis, com largas dezenas de não registrados, que irrita o governo em Lisboa.

A 8 de outubro, os 773 refugiados do campo da Coitadinha embarcam em caminhões militares, com paragem em Moura. Na falta de caminhões suficientes para os refugiados das Russianas, o tenente Seixas aluga dois ônibus e ele próprio e o filho conduzem-nos a Moura. A 9 de outubro, saem dois comboios com destino a Lisboa, com 1.020 refugiados espanhóis, aos quais se juntam mais 400 exilados que embarcam no navio *Niassa* rumo a Tarragona, na Catalunha. Mas Joaquin Blasco não chega a viajar para Lisboa, pois, por esta altura, apaixonara-se por uma rapariga morena, de cabelos encaracolados e olhos brilhantes, que conhecera quando apanhava ramos de eucalipto para construir cabanas para as mulheres espanholas. Viveram por ali algum tempo e depois mudaram-se para Ferreira do Alentejo, até ao início das obras da barragem. E foi então que ela adoeceu de repente e morreu, deixando-o sozinho com o bebê nas mãos.

Leopoldina lamentava o fato de o tenente Seixas ter sido suspenso e passado compulsivamente à reforma por Salazar, que assinou ele próprio os despachos.

Manuel Blasco lembra-se ainda muito bem do pai, das suas gravatas às riscas, do cabelo penteado para trás e em especial do cheiro forte da sua brilhantina. Revela-me que foi criado por uma família de Alcáçovas, uma vila situada a poucos quilômetros aqui do Sado. O pai veio visitá-lo três ou quatro vezes e numa delas, conta-me, foram ver as corridas de touros a Alcácer do Sal. Da última vez que se viram, ele já devia ter uns 9 ou 10 anos, e foi quando o pai deixou-lhe uma fotografia e um relógio de bolso em prata. Depois disso, nunca mais voltou a ter notícias dele. Diz-me que conhece por alto a história das obras na barragem, mas não sabia nada da guerra nem imaginava que o pai tivesse passado por tudo o que acaba de escutar.

Pergunto-lhe pela foto.

Durante as cheias de 1991, a água invadiu-lhe a casa deixando-o praticamente só com a roupa do corpo. Nos seus olhos há uma pausa congestionada que revela a profundidade deste mergulho inopinado nas águas de um passado longínquo, despertado pela curiosidade de um obscuro viajante de passagem.

Depois de um novo momento de silêncio, Blasco acompanha-me até à estrada e, quando lá chegamos, aponta para o vale e aconselha-me a seguir ao longo do canal de rega até chegar à aldeia de São Romão, que fica do outro lado. Depois, sobe para o trator, liga o motor, e as duas grandes rodas traseiras começam a girar lentamente. Coloco a mochila às costas e caminho na direção contrária. Ao longe chega-me o ruído de mais uma ceifeira naquele movimento pendular, para cima e para baixo. Ali ao lado do caminho, o que resta do arrozal já ceifado, com os tufos do restolho cortados a um palmo do chão, lembra uma escova de madeira. Desço o pequeno declive e caminho um pouco por ali. A terra, sob os meus pés, é macia como um colchão.

7

Os vidros das janelas do Palacete de Porto de Rei há muito que desapareceram.

No entanto, as paredes, sóbrias e de estilo maneirista, são de uma robustez secular e a cantaria invejável. A piedosa harmonia e o abandono a que o edifício está votado parecem antecipar o fim para qualquer viagem. O que resta deste antigo porto fluvial está por terra ou sobrevive na resiliência da figueira e da nespereira que avançam, como espectros, pelas traseiras do edifício. O arco de pedra brasonado, sobre a entrada do antigo armazém de mercadorias, impõe-se imune à ruína e à decadência.

Uma mata impenetrável de silvas engoliu o cais de pedra. Em tempos terá existido uma ilha aqui mesmo em frente, contornada pelo braço do rio, e que permitia a inversão de rumo das embarcações. Mas tudo está agora assoreado e o meandro do rio, coberto por terra, mato, silva e canaviais, não é mais do que um rodapé na memória dos tempos.

Podemos ver na decadência e na descuidada magnanimidade dos edifícios do porto uma espécie de dano colateral da chegada do progresso, aliás, como sucedeu um pouco por todo o país. No mesmo chão onde D. Carlos I assentou o seu real pé, a caminho das coutadas do Alentejo, embarcaram-se produtos da região rumo a Setúbal e a Lisboa. A primeira carreira de vapores ligando Alcácer, Setúbal e Lisboa foi inaugurada em 12 de fevereiro de 1847, e alguns chegavam mesmo até Porto d'El-Rei, como então se designava. Mas a construção do caminho de ferro do Alentejo, em 1853, anunciou o fim lento que se desenhava, e com o ramal de Setúbal, em 1861, a capital do País e os seus mercados ficaram mais perto, e os celeiros de Alcácer do Sal fecharam as suas portas.

Pedro Fogueiro, tio-avô de Leopoldina, trabalhou num desses vapores a vida inteira, na carreira entre Alcácer, Setúbal, Sesimbra e Lisboa. Ao que parece, praticava com mestria a arte da fuga comum a todos os amantes da vagabundagem. Durante décadas, os ventos do mar sacudiram-no, mas acabaram sempre por deixá-lo num porto seco ou nos braços de uma mulher. Por aqui dizia-se que tinha deixado pelo menos 10 filhos, distribuídos pelos quatro portos. No entanto, nunca casou e praticamente fez do barco a sua casa.

Nesses tempos de uma pobreza quotidiana e nos anos de fome que aí vinham, a profissão que exercia e a mobilidade que esta requeria permitiram que encontrasse sempre mesa posta e um sorriso à chegada. As mulheres, dizia-se, eram surpreendidas pelas suas boas maneiras e muitas duvidavam que ele fosse mesmo fogueiro de profissão e não uma espécie qualquer de prestidigitador. A sua lista de encomendas pessoais entre os quatro portos fazia dele o capitão de um submundo que vivia de expedientes e do contrabando. Com a chegada do novo século aliou-se aos republicanos e passou a frequentar as reuniões, levando de uma cidade para a outra panfletos e as novidades para os defensores da causa.

O amável fogueiro da companhia de navegação era ainda um intrépido bailador e presença habitual nos salões das cidades e das aldeias em redor, em especial durante as Festas dos Santos Populares. Um homem que deslizara pelos acontecimentos de *fin de siécle* para uma *belle époque* provinciana, com tiques de marialvismo e que diziam ter recusado, por instinto, todos os cargos de maior elevação social. Segundo Leopoldina, o tio-avô mulato também tocava bandolim nas horas vagas e terá sido um homem imprevisível, do gênero dos que nunca tiveram e nunca quiseram ter nada e que amam religiosamente a sua liberdade.

Qualquer ideia de um barco ancorado em Porto de Rei não passa agora de um verdadeiro desafio à imaginação. À minha passagem, o casario, o palacete e os edifícios adjacentes erguem-se dos confins da História, como o velho soldado que guarda o uniforme e o fuzil pronto para qualquer eventualidade. A única água por perto é a do rio, que daqui não se pode ver, mas a sua remota presença, mais do que um capricho, como que mantém viva uma secreta operacionalidade que parece resistir por detrás das velhas paredes. O rio em falta evoca o mundo perdido, e a experiência do cais do porto, agora camuflado pelo mato selvagem, ganha vida nos brados e nos silvos de marinheiros imaginários que me ecoam no espírito. Enquanto me emociono com esta ausência e o poder do tempo, uma cegonha incomodada com a minha presença levanta voo, a poucos metros, num bater de asas pesado e grotesco; por certo nunca se recordará deste nosso encontro.

Porto de Rei foi a última paragem para quem subia o Sado e entre eles encontravam-se alguns escravos negros a caminho dos campos de arroz.

Samuel desembarcou aqui no final do século XVIII. Mas o seu destino não eram os campos de arroz.

A sua aventura só ficou conhecida graças ao abolicionista Thomé Ferreira de Andrade, jovem bacharel nascido em Salvador da Bahia, filho de um português abastado com ligações à corte de D. José I. Ferreira de Andrade decide permanecer em Lisboa logo após formar-se em Direito, em Coimbra. Em pouco tempo, torna-se conhecido como advogado de defesa das irmandades negras, que recorrem cada vez mais aos seus serviços em processos que envolvem escravos negros e seus donos. E por várias vezes, Andrade chega a impedir a venda de escravos e escravas para o Maranhão, evitando a separação das famílias.

A Lei de 1761 proíbe a importação de escravos africanos para Portugal e obriga a libertação de qualquer um que desembarque nos portos portugueses.

As irmandades organizam comissões de fiscalização e de esclarecimento dos escravos que compõem tripulações de barcos ou que acompanham os seus senhores brasileiros em viagens à Europa. Os seus advogados entram em ação percorrendo o Cais da Ribeira para obter a sua libertação das mãos dos funcionários da Alfândega.

Mas uma interpretação infame desta lei leva à procriação forçada de escravos, por parte dos seus donos, para posterior venda dos filhos. Alertado pelas irmandades, Ferreira de Andrade denuncia publicamente situações destas, em especial nas zonas rurais, como o Alentejo e o Algarve, onde é mais fácil fugir às autoridades. O sucesso e a influência que foi ganhando junto da corte valeram-lhe inimizades profundas. Certa vez foi mesmo espancado por desconhecidos e deixado no chão quase sem vida. Em 1773, o rei D. José I assina a Lei do Ventre Livre, o alvará de 16 de janeiro (anexo nº 4) que declara livres todos os escravos, em Portugal, cujo cativeiro remontasse às bisavós, embora as mães e as avós continuassem escravas, bem como todos os filhos de escravas após a data da publicação do alvará.

A procriação forçada chega ao fim.

O pequeno papel de Thomé Ferreira de Andrade na luta contra a escravatura em Portugal teria sido obliterado pelo rolo compressor da História, não tivessem os seus escritos sido recuperados pelo marquês de Sá da Bandeira, no século seguinte.

* * *

A *Odisseia do Antigo Escravo Samuel* foi contada em primeira mão pelo próprio.

O seu registo terá sido feito pouco depois daqueles acontecimentos, entre 1778 e 1784, quando Samuel e Ferreira de Andrade se cruzaram pela primeira vez.

O manuscrito pertencia a um conjunto de textos de direito, petições e cartas enviadas por Ferreira de Andrade a membros da corte, guardados num baú. Em 1773, Samuel fazia parte da tripulação de um barco de pesca pertencente ao capitão Monteiro Lobato, de Leça da Palmeira, a quem ele próprio pertencia. Dez anos antes tinha se casado com Caetana, escrava de um negociante de tecidos da localidade de Matosinhos, que descendia de uma antiga família de escravos a viver há muitos anos em Leça da Palmeira. Aos 12 anos, Caetana foi vendida aos seus atuais donos, por quem desenvolveu grande afeto, em especial a matriarca da família, que a tratava quase como uma filha.

Mas depois da morte desta e do afastamento gradual do marido dos negócios, Luís Vieira, o filho mais velho tomou conta das rédeas da família e Caetana viu o seu estatuto mudar de um dia para o outro. A boa relação com a senhora havia-lhe permitido um ato considerado raro entre os escravos: aceitar o pedido de casamento feito por Samuel, que ela conhecera durante as Festas de São João. A vida de Caetana girava em torno da lida da casa, das compras no mercado e no armazém da loja de tecidos. A morte repentina da sua senhora coincidiu com a sua gravidez. Mas Luís Vieira nunca vira com bons olhos o afeto da família por esta escrava, a ponto de lhe permitirem casar e agora terem mais uma boca para sustentar.

Samuel e Caetana passaram a viver com o seu filho, Salvador, numa choça construída não muito longe da loja de tecidos de Matosinhos.

O pequeno negócio de tecidos começou a correr mal.

As dívidas aumentavam de dia para dia e o novo patrão revelou-se um verdadeiro desastre na condução dos negócios. Um dia, Luís Vieira chamou-a ao escritório, olhou para um canto perdido da sala e disse-lhe que decidira vender o pequeno Salvador. Acabava de fechar o negócio com José de Sousa Carrilho, um comerciante de Lisboa, por um bom preço. O moleque estava numa boa idade, tinha 9 anos, e era a única solução para ele poder amortizar a pesada dívida que sufocava a família.

Caetana sentiu o chão fugir-lhe e tentou por todos os meios dissuadir o amo Luís Vieira de vender o filho. Prometeu trabalhar mais horas e disse que o próprio Samuel aceitaria mais tarefas de ganho nas suas poucas horas de descanso, na lavoura, na caiação, nos trabalhos mais pesados que houvesse em Leça da Palmeira, Matosinhos, Porto e arredores para ajudar a pagar a dívida da família. Pediu de joelhos ao pároco da vila, que os conhecia desde pequenos, que os crismara e os casara, para que interviesse junto do seu amo. Finalmente, tentou falar com o velho amo, mas este estava há muito entregue à bebida e afastado dos assuntos da família.

Salvador foi levado pelos seus novos donos, logo depois do Natal.

Tempos depois, logo depois da missa, o pároco de Matosinhos chamou Caetana à parte e explicou-lhe que El Rey acabara de assinar uma lei que libertava os escravos de 4.ª geração e, conhecendo ele bem a sua mãe e a avó, que também haviam sido escravas, a nova lei fazia do moleque Salvador uma pessoa livre. Os registos de nascimento da paróquia diziam que Caetana era natural de Leça da Palmeira e que a sua mãe era filha de uma escrava comprada em Lisboa, nascida em Angola.

Samuel pensou em fugir, mas depois de falar com o capitão Lobato e de lhe explicar o sucedido, este concordou em vender-lhe a alforria.

Samuel trabalhou os cinco anos seguintes até reunir o pecúlio estipulado entre ambos e uma noite pegou na trouxa com a comida que Caetana lhe preparara, pão e peixe seco, e saiu.

* * *

Samuel caminhou durante dias por montes, vales, charnecas, prados, pomares.

Dormia onde a noite o encontrava, de preferência junto a uma sebe ou por entre arbustos que o pudessem proteger da chuva, e mantinha-se afastado das povoações de onde poderiam vir problemas. Escolhia sempre os caminhos em vez das estradas, evitando assaltos. Quando encontrava algum rio ou ribeiro, esperava durante o tempo suficiente, certificando-se de que não havia ninguém por perto, antes de se refrescar nas suas águas.

Em Coimbra, procurou por um preto velho de nome Inácio que estava à frente da irmandade negra daquela cidade, como lhe haviam indicado. Recuperou do cansaço da viagem com um banho e comeu duas refeições quentes em sua casa, enquanto o velho Inácio se informava do paradeiro da família Sousa Carrilho, em Lisboa. No dia seguinte, Samuel retomou viagem com a indicação dos locais seguros e gente de confiança da irmandade onde poderia pernoitar ou obter ajuda. À saída de Leiria teve de fugir e despistar um grupo de bandoleiros que o viram pagar alguns mantimentos com uma moeda. Subiu numa árvore e ali ficou até ao dia seguinte.

Por vezes, encontrava outros negros trabalhando nos campos ou como barqueiros nos rios e assim ia obtendo informações sobre como chegar a Lisboa e os dias de marcha a que estava da cidade mais próxima. Outras vezes ficava a observá-los e quando partiam, ao pôr-do-sol, ele saía de entre as árvores e desenterrava uma melancia ou um melão; procurava pomares isolados, onde pudesse saborear uma maçã ou uma laranja sem qualquer perigo. No cais de Santarém, negociou com o capitão de um barco de transporte de pipas de vinho o pagamento da viagem até Lisboa em troca do seu trabalho de marinheiro experimentado e braço forte para a estiva.

Dois meses depois de ter deixado Leça da Palmeira, Samuel chegou à Ribeira das Naus.

Mal pôs o pé em terra firme, perguntou o caminho para o convento da Graça, onde esperava encontrar um dos homens da irmandade dos homens pretos desta confraria. Samuel nunca tinha estado em Lisboa. Para além da grande quantidade de pessoas, liteiras e cavalos pelas ruas, ficou impressionado com os novos edifícios e as praças construídos depois do terremoto. A pessoa que ele procurava no convento estava muito doente, mas depois de contar a sua história, foi-lhe dito que regressasse dali a duas semanas. Entretanto, Samuel trabalhou na estiva, na Ribeira, e um mês depois soube que a família Sousa Carrilho se mudara para Faro fazia três anos, onde adquirira umas terras.

Faro ainda pertencia ao reino. Eram só mais umas dezenas de léguas.

Samuel ofereceu-se para a tripulação de alguns barcos que saíam com destino ao Algarve, mas foi em vão. Finalmente aceitaram-no numa chalupa que ia carregar mercadorias a Alcácer do Sal.

No início da primavera, Samuel chegou à vila do Torrão, e, mais uma vez, iniciou uma longa jornada pelos campos. Atravessou planícies, aldeias, ribeiros, decidido a cumprir a promessa que fizera a Caetana. Pelo caminho foi encontrando negros em viagem com os seus amos e caminhou durante horas com escravos enviados em algum serviço à vila mais próxima. Ficavam admirados com a sua coragem e determinação.

Em Ferreira do Alentejo chegou a tempo de assistir às celebrações da Virgem do Rosário, juntando-se a outros negros devotos. No Domingo de Páscoa, em São Brás de Alportel, sentiu o coração a apertar-se-lhe perante a magnificência da procissão que percorria as ruas transformadas numa álea florida, e que juntamente ao coro dos devotos e fervorosas aleluias pareceu-lhe o caminho perfeito para o paraíso.

Uma recepção que só poderia ser um bom augúrio.

De fato, não foi difícil para Samuel encontrar a granja dos Sousa Carrilho, situada a meia dúzia de léguas para poente das muralhas de Faro.

Aproximou-se dizendo ao que vinha, mas logo lhe disseram que o amo só estaria de volta de uma viagem a Tavira no final do dia. Samuel deu uma volta pelas imediações da granja e perguntou por um rapaz preto de nome Salvador. O rapaz tinha acompanhado o senhor, como sempre fazia.

Na manhã seguinte, quando lhe perguntaram de que parte vinha, Samuel respondeu: «Da minha própria parte.»

Enquanto aguardava cá fora, Samuel viu um rapaz saindo da estrebaria com um cavalo pelas rédeas. José de Sousa Carrilho surgiu nesse momento na porta, altivo. Perguntou o que é que ele desejava dali. Depois de tirar o chapéu e dizer quem era e de onde vinha, Samuel continuou: «Vossa senhoria possui um rapaz preto comprado em Matosinhos de nome Salvador, filho de uma escrava de nome Caetana.»

«E o que é que isso te diz respeito», perguntou Sousa Carrilho. «Pois que ele é o filho que Deus Nosso Senhor deu a mim e a Caetana, minha mulher, e que por lei do nosso justíssimo rei ele é agora uma pessoa livre.»

Samuel deu-se conta de que a esposa de Sousa Carrilho e outros trabalhadores da granja se aproximavam, curiosos, e assim levantou a voz para que as suas palavras pudessem ser escutadas por todos.

«Estão aqui as cartas assinadas pelo pároco de Matosinhos que comprovam as minhas palavras. Salvador é uma pessoa livre.» Sousa Carrilho olhou em volta, encarou o olhar curioso dos presentes e da mulher e desceu os dois degraus da porta.

Desconfiado, tomou-lhe os papéis da mão. Percorreu-os com os olhos, amarrotou-os e atirou-os para o chão.

«Comprei-o, é meu, disse, se o quiseres de volta vais ter de me pagar o que ele me custou, e duvido que alguém como tu possua tal quantia.»

Salvador ficara em silêncio, assistindo a tudo, a mão segurando as rédeas do cavalo.

Samuel já contava com estas dificuldades. Logo que Sousa Carrilho fechou a porta de casa atrás de si, depois de mandar entrar o jovem Salvador, ele regressou a Faro. Com a ajuda da confraria local, pediu uma audiência a um amigo dos negros que estava na cidade.

Thomé Ferreira de Andrade mandou-o entrar no quarto que tinha na estalagem e à luz de meia dúzia de velas ouviu a sua história. Analisou as cartas que ele trazia consigo e de seguida mandou alguém com uma missiva para Sousa Carrilho. Dava dois dias para libertar e entregar Salvador ao legítimo pai ou enfrentar um processo junto do Ouvidor. Três dias depois, o jovem Salvador estava na porta de Ferreira Andrade, com uma trouxa às costas.

Graças à ajuda financeira da confraria Samuel e Salvador embarcaram para Lisboa no mesmo barco que Ferreira de Andrade. E terá sido durante a viagem que o causídico escreveu as notas da história de Samuel.

8

O vale é mais largo nas proximidades da Herdade das Parchanas.

O canal de rega, que o percorre sobre pilares, serpenteia pela margem esquerda dos arrozais, como uma espécie de metrô suburbano à superfície. O rio nesta parte é vibrante e mais dócil, assim como o olhar das vacas que pastam junto à margem. Ao longe, um agricultor lavra num trator e quando me descobre na paisagem responde com um gesto cansado e remoto ao meu aceno. Esta é uma das poucas partes da lezíria que ainda não estão ceifadas e o verde-amarelo da planta do arroz estende-se como um rio de um lado ao outro dos montes.

Ao viajante que caminhe por entre estas colinas não passam despercebidos os olhares que espreitam por detrás das janelas das casas, à distância. Aqui bem perto há um pequeno parque com grandes máquinas agrícolas, ceifeiras, tratores, rodas dentadas e outras peças espalhadas pelo chão. Uma ceifeira de marca *New Holand* parece cansada de semanas de trabalho rotineiro. Outra, de marca *Fiatagri 3350*, terminou a jornada muito recentemente e tem as rodas dentadas e os pneus cobertos de palha e lama seca.

O lavrador de há instantes sobe agora na minha direção. É um homem relativamente novo, não mais de 40 anos, e depois de arrumar o veículo faz-me sinal com a mão para eu entrar. Atravesso a ponte sobre o canal e depois dos cumprimentos ele convida-me para uma espécie de salão de festas com paredes em tijoleira, mesa e cadeiras de madeira tosca. Nas paredes há fotografias de grupos de caçadores em camuflado e caçadeira ao ombro, com lebres e aves penduradas à cintura.

De repente, tudo o que eu vinha observando esta manhã passa a ser traduzido em números. Henrique, assim se chama, explica-me como 1 hectare de arroz que antigamente levava um dia a ceifar e requeria o trabalho de 10 pessoas agora é feito numa hora apenas pela máquina.

A tecnologia e o progresso, a produção e a economia.

Ele aponta na direção das máquinas e diz-me que cada uma custa 350 mil euros, mas que são alugadas. Trabalhando das 11 às 20 horas, afirma, cada uma pode ceifar até 100 toneladas por dia. Depois de ele me explicar que ceifam o arroz apenas do lado direito, compreendo a razão para todas aquelas voltas que elas são obrigadas a dar no terreno e a forma circular dos sulcos deixados no chão. Henrique tornou-se um pequeno produtor de arroz há relativamente pouco tempo, por via da mulher com quem se casou, filha de um dos donos da herdade onde nos encontramos.

Confesso-lhe que sei que Portugal é um razoável produtor deste cereal, mas que ignorava que os portugueses fossem os maiores consumidores *per capita* de arroz da Europa. A maioria dos agricultores, como ele, possui uma média de 45 hectares de terreno. Para além do arroz, alguns produzem também cortiça, pinha e gado. A maior parte são rendeiros e conseguem sobreviver graças aos subsídios da União Europeia, a uma média de 500 euros por hectare. Quase toda a palha do arroz que a máquina deixa pelo chão é queimada por não ter qualquer valor comercial, explica-me. Por vezes dão-na para ser enfardada e os tufos de restolho que ficam no solo são depois retirados com uma grade.

Em março começam a preparar a terra para semear. Desfazem e nivelam a terra com uma lâmina, tudo controlado por um mecanismo eletrónico. Depois de retirada a palha, a terra é adubada e abrem-se as comportas dos canais para alagar os campos. A água, que vem da Barragem de Vale de Gaio, é vendida ao metro cúbico e regar uma área de 40 hectares não fica por menos de 17 mil euros, contabilizado ao minuto.

Em maio faz-se a sementeira, com o trator ou com o avião.

Se em abril não houver vento nem demasiado calor, em finais de junho secam-se os campos para dar início à monda e pulverizar com pesticida. Depois de criado, o arroz tem de ser ceifado com um certo grau de umidade e de seguida seco num dos secadores da região.

Antigamente, explica-me, vinham trabalhadores de vários pontos do País para trabalhar no arroz, do Algarve, de Setúbal, de Coruche. Ficavam instalados nas herdades até setembro. Hoje as máquinas fazem o trabalho todo.

O trabalho iniciado pelas mãos de escravos africanos, digo para mim.

Um simples bago de arroz, que atravessou continentes e oceanos, povos e civilizações, alimentando cidades e impérios.

O imperador chinês Shennong, *o Lavrador Divino*, ensinou há 5 mil anos o seu povo a preferir os cereais como alimento poupando assim os animais.

Antes de compilar o seu *Livro Divino das Ervas*, o Imperador dos Cinco Cereais, como ficou conhecido, comprovou ele próprio o valor medicinal de centenas de ervas. Essa obra primeira da farmacopeia chinesa está na base da Medicina Tradicional Chinesa e entre os seus ensinamentos consta a técnica da irrigação dos campos para a produção do arroz. É fácil imaginar como, algures na pré-História, um grupo de mulheres vai deixando cair inadvertidamente uns grãos, as ervas daninhas e animais que são afastados pelo acaso, com a água a fazer o resto do trabalho.

Vindo de países tropicais asiáticos, o arroz atravessou povos, países e civilizações tendo chegado ao Vale do Sado ninguém sabe ao certo quando. Um dos alimentos mais antigos da Terra, cuja origem estará num único bago de *Oryza* existente nos campos primordiais de Pangea e Gondwana, antes da sua separação.

Agora vou pela estrada de terra que percorre a margem esquerda do rio.

Estrada e rio que nos levam e depositam num lugar qualquer das suas margens. Entregamo-nos ao seu curso porque sabemos que para onde quer que nos conduzam esse lugar terá sempre a forma da nossa própria casa, pois que a viagem nada mais é do que a vida, na familiaridade e na distância. A caminhada, o movimento que precede o pensamento, ato que tradicionalmente leva à descoberta e ignição para a evocação romântica e o despertar de sentimentos que possam levar-nos a um estado de graça inicial. O que menos interessa é a nossa localização, já que a aprendizagem, essa, é uma constante durante todo o caminho. A estrada segue entre os caniços, como disse, ladeada pelo rio e o montado de sobreiros, carvalhos e pinheiros. Durante muito tempo foi também o caminho utilizado pelas gentes da região, como Francisca, a tia de Leopoldina, que a percorria de automóvel sempre que vinha visitar a família à aldeia, depois de se casar com um farmacêutico de Alcácer.

Para as crianças da aldeia era o mais próximo que tinham de uma tia rica, como nos contos, e que lhes trazia doces e guloseimas da cidade. Leopoldina recordava que Francisca gostava de pintar aquarelas das casas baixas dos montes e das charnecas e de como captava o torpor estival do vale e os ninhos das cegonhas; os juncos e canaviais ao logo do rio. Tinha uma pele morena aveludada, e era alta e bem-feita de corpo, com muita sensibilidade pela natureza; ficou igualmente conhecida pelos largos chapéus e vestidos coloridos que gostava de usar.

Pelo Natal, costumava distribuir tecidos finos às mulheres da aldeia e era quando trocavam a chicória por verdadeiro café, que espalhava o seu perfume pela casa. A sua chegada como que anunciava um alívio das contrariedades quotidianas para todos. Durante o verão, escolhia um local recatado na ribeira, para lá das enormes faias, e deixava-se deslizar, com a água fria do rio afagando-lhe o corpo pálido. Nunca teve filhos, por isso sobrava-lhe tempo, até para ensinar a fazer bolos de mel e azeite, como aprendera também em pequena.

Antes de abraçar uma existência estéril e dolorosa, Aurélio da Preta, como era conhecido o tio-avô de Leopoldina, o mais novo de quatro irmãos, também percorreu esta mesma estrada poeirenta no dia em que veio alistar-se no exército português. Terá sido um rapaz alegre e de personalidade afável, disse-me ela, antes de soçobrar à melancolia inquietante que haveria de o levar ao desequilíbrio total. Curiosamente, foi o primeiro elemento da família a ver África, depois da noite dos tempos e dos longínquos antepassados negros.

Aurélio integrou o destacamento militar que defendeu o posto de Negomano, na margem sul do rio Rovuma, a norte de Moçambique, durante o ataque dos alemães, na Primeira Guerra. A excentricidade errante que começou a revelar no terreno cruzou-se, mais tarde, com a apatia e a indiferença cruel dos familiares. Depois de regressar, foram-lhe diagnosticadas tendências maníaco-depressivas e iniciou uma peregrinação por manicômios e instituições que duraria vários anos. Certa noite, em São Romão, apertou com as duas mãos o pescoço de um dos sobrinhos, quando este dormia, e só o largou quando lhe deram com uma pá na cabeça. Tempos depois, enforcou-se na casa de banho de um hospital.

Pelo caminho cruzo-me com uma árvore de ramadas esplêndidas e vigorosas. Uma árvore com carisma e benevolência superiores, que me parece conter toda a memória do tempo.

IV

Da varanda da Dona Vi, eu via o túnel lilás formado pelos jacarandás em flor, ao longo de toda a Avenida de D. Carlos I.

Ela andaria talvez pelos 50 anos. Eu, pelos 7.

Tinha olhos cor de mel, pele acobreada e cabelos lisos. Recordo-me de como passava o tempo a limpar o pó da moldura da foto de um avião antigo pendurada na parede da sala. Certa vez, depois de um funeral, ela serviu-nos chá e bolos, no salão da pensão que ela geria, na Calçada da Estrela. Ouvi quando confessou à minha mãe: «vêm todos morrer à minha casa, amiga, já não tenho forças para isto.»

Era uma mulher bastante forte e bondosa, que emitia um ligeiro silvo do peito quando inspirava, e incontinente na sua flatulência de pólvora seca, sempre que fazia um ligeiro esforço para se levantar da cadeira, e logo depois de pedir *com licença* aos presentes.

Poucos anos depois estava imobilizada pela diabetes.

Com o tempo, Dona Vi tornou-se uma figura diáfana, envelhecida e amargurada. Ela e a minha mãe conheceram-se ainda no tempo em que trabalhavam na rouparia do aeroporto do Sal, no final dos anos 1950. Lidavam diariamente com tripulantes italianos da Alitalia durante as suas escalas no Sal, a quem engomavam as fardas. Aprenderam, inclusive, algumas palavras em italiano, *hei, planchare pantalona mia*, e que não se cansavam de repetir. Quando se encontravam, costumavam também recordar as mulheres da tripulação, sempre muito simpáticas, esperando pelo jipe junto à porta do hotel para irem para Santa Maria ou para a piscina, em Espargos. Outras vezes, contavam, as italianas iam tomar banho, nuas, lá para as bandas da Palmeira, o local que ficaria conhecido como a Praia dos Italianos. Depois, ficavam a apanhar sol e a beber martínis na esplanada.

Mas a história da Dona Vi recuava a uma manhã de agosto de 1939 quando navios italianos surgiram, pela primeira vez, no porto de Pedra de Lume carregados de material e de técnicos. Depois de escolherem um campo plano, onde pastavam cabras, à entrada da povoação de Espargos, começaram a construir o aeroporto no Sal, transformando-o num ponto de escala para os aviões da LATI, na rota da distribuição do correio pela América do Sul.

Em três meses, a população da ilha viu surgir uma pequena cidade pré-fabricada; para além da pista, tinha dois hangares em metal, para os aviões, oficinas, uma estação de rádio (capaz de dar assistência aérea da costa africana até ao Brasil), meteorologia, armazéns, escritórios, uma central eletrotécnica, um hotel e locais de habitação — entre eles um pavilhão em estilo colonial com bar, restaurante, salão e capacidade para 30 camas — e hospital. O problema inicial do abastecimento de água potável ficou resolvido com a perfuração de poços e a construção de uma cisterna (que permitia, inclusive, a rega de uma horta de legumes frescos), e ainda o armazenamento de milhares de garrafas de água mineral.

Vicência Brito, que acabava de chegar da Boa Vista, foi uma das primeiras empregadas de limpeza contratadas pela companhia, e assistiu à chegada do diretor-geral da LATI, um jovem piloto e ás da aviação chamado Bruno Mussolini. A 23 de dezembro, celebraram a chegada do primeiro voo da Linee Aeree Transcontinentali Italiane com material e correspondência para os elementos da equipe italiana.

Os *Savoia-Marchetti Sm.79 e 83* chegavam guiados pelo radiofarol e pelas luzes tremeluzentes da Ilha de Santiago. Quando o tempo o permitia, os pilotos guiavam-se pelo imponente cone do vulcão do Fogo. A Itália fascista iniciou um voo semanal nos dois sentidos, compreendendo três trajetos: o europeu, com três aparelhos (Roma-Sevilha-Lisboa-Villa Cisneros — Ilha do Sal, onde pernoitava); o atlântico, com quatro aviões (Ilha do Sal-Pernambuco) e, finalmente, o trajeto americano, com três (Pernambuco-Rio de Janeiro).

Nos anos 1930, a aviação civil italiana encontrava-se entre as mais avançadas do mundo. A LATI tornou-se a primeira companhia a garantir um serviço postal transatlântico, com aviões trimotores. Em maio de 1940, Bruno Mussolini iniciou a uma viagem por todos os locais de passagem da linha postal. Tomou nota da situação na Ilha do Sal. Quando se preparava para seguir para o Brasil, recebeu um radiograma que lhe pedia para regressar de imediato a Roma. A Itália acabava de entrar em guerra com a França e a Inglaterra.

A partir de junho de 1940, os voos da linha postal para o Brasil ficaram reduzidos a apenas um por mês. Depois da declaração de guerra deste último país à Itália, em dezembro de 1941, e a entrada dos Estados Unidos no conflito, o serviço aéreo da LATI para a América do Sul foi cancelado. Todo o pessoal técnico do aeroporto do Sal foi repatriado para Itália.

A calma e o silêncio voltaram de novo à ilha.

Luigi Salvi, o chefe da base, ficou a tomar conta do equipemento.

As pessoas mais velhas lembram-se de vê-lo, sozinho, na varanda, olhando o horizonte.

Uma manhã, o italiano repara na beleza furtiva da jovem empregada que lhe varre o gabinete. Mas ela mal olha para o homem que encontrava todas as manhãs a escrevinhar num caderno e a fumar cachimbo. Por vezes, ele sintonizava o rádio, tentando captar notícias do evoluir da situação na Europa. Depois de ler a correspondência vinda nalgum barco de Lisboa, entrava no jipe e ia conversar com os pescadores de Pedra de Lume.

Salvi era um homem alto, de pele queimada pelo sol e cabelos ao vento, a rondar os 40 anos. E tudo começou quando uma manhã ofereceu uma chávena de café a Vicência. Durante muito tempo havia quem ainda se lembrasse de os ver em piqueniques, ao entardecer, bebendo champanhe numa praia deserta da ilha. Um dia ele disse-lhe que se ia encontrar com os tripulantes do navio italiano *Gerarchia*, recentemente aprisionado pelas autoridades portuguesas, no Porto Grande. Ela nunca tinha visto o Carnaval de São Vicente. Juntos percorreram as ruas e os cafés do Mindelo, entrando e saindo dos bailes, até de madrugada. Dançaram no Café Royal, enquanto a tempestade da guerra assolava a Europa.

Na tarde em que receberam a notícia de que a guerra tinha acabado, Luigi Salvi foi ao armazém, pegou em duas garrafas de *Chianti*, colocou um disco no gramofone e celebraram ao som de tarantelas.

Em 1947, a Itália derrotada viu o acordo de concessão revogado e recebeu uma proposta irrisória do governo português para a compra das instalações aeroportuárias do Sal. A alternativa era desmantelar a base e fazê-la transportar por mar para Itália, a custos avultadíssimos. Em janeiro do ano seguinte, o italiano deu uma última olhadela às instalações e embarcou rumo a Itália. Durante muito tempo, sempre que ouvia o ruído dos motores, ela corria para a pista a espreitar cada avião que aterrava. No ano em que Sofia Loren fez escala no Sal, Vicência Brito casou com um funcionário português do aeroporto e mudaram-se para Lisboa.

* * *

Como quase todas as famílias grandes, não resistimos às ofertas de espaço a baixo custo da periferia.

Primeira constatação: a decrepitude das zonas mais antigas de uma cidade pode tomar uma forma bem diferente nos seus arredores. Aqui a melancolia das pessoas e das fachadas dava lugar a novas cores e a outras formas. Estas eram habitadas por uma algazarra constante, cuja fonte era, no seu essencial, uma mesma forma de decrepitude, só que habitada pelas novas pessoas. Os seus rostos eram diferentes. Se na zona antiga aqueles eram velhos e amarrotados pelo peso dos anos e a paisagem imutável da cidade — com a História ali mesmo à beira das suas portas —, na periferia, apesar do amplo espaço em volta, as faces pareceram-me mais eriçadas, coléricas. As almas desesperadamente sôfregas. Tempos depois, pensei que o afastamento do centro, só ultrapassado por uma viagem de uma hora em velhos ônibus de primeiro piso, e bem sacudida, como que recuperava naqueles habitantes um anonimato provinciano e semisselvagem. O mesmo que os seus pais e avós haviam trazido na bagagem do Alentejo e das Beiras.

Porém, a minha tristeza inicial, causada por tudo o que era sinal de ruína, antigo, velho, lento, aquela sensação constante de incompletude, de que havia qualquer coisa insuficiente em mim, apagou-se. No seu lugar começou a surgir uma nova melancolia bucólica, causada pelos espaços abertos, pelos baldios, pelas misteriosas azinhagas. As árvores solitárias e o canto dos pássaros pareciam aguardar impacientemente a minha chegada.

9

E de repente, do lado do rio surgem dois cães correndo na minha direção.

A descarga de adrenalina paralisa-me e deita por terra qualquer ilusão de defesa, fazendo o coração disparar. O sangue flui a toda a velocidade avivando o pavor ancestral do homem perante a fera. O predador transformado em presa. De entre as silvas, junto ao rio, um providencial assobio trava o ataque iminente dos mastins. O pastor mostra-se tão surpreso quanto eu com o insólito incidente, desfazendo-se em desculpas. Ainda a recuperar o ritmo cardíaco, digo para mim que não deverá estar habituado a ver forasteiros caminhando por aqui. Nem os dois cães, pelos vistos. As vacas acham-me pouco mais do que uma estranha curiosidade. Passo por elas e por ele ainda com os cães ladrando à minha volta, como que esperando uma mudança de ideias do seu amo. Algumas centenas de metros depois, ainda me observam, curiosos.

Um quadro bucólico: a lealdade entre homens e animais, numa imagem do quotidiano que ainda fala através de um achado com 7.600 anos. Cães e homens. Fidelidade, confiança, companheirismo.

Talvez tenha sido um momento como este a inspirar Homero e que o levou a compreender melhor o espírito desta relação. Vinte anos depois de partir para Troia, apenas a esposa, Penélope, o filho Telémaco e o fiel *Argos* ainda acreditam no regresso de Ulisses. Mas, como acontece em muitas famílias, com o passar dos anos, *Argos* foi esquecido inclusive pelos criados e acabou mesmo nas ruas. O velho *Argos*, criado por Ulisses desde pequeno, de repente ouve vozes do outro lado da rua. Levanta a cabeça e reconhece o dono, que regressa a Ítaca disfarçado de mendigo. Ulisses conversa com Eumaeus e também reconhece o fiel amigo.

Por breves segundos, os seus olhos encontram-se.

Muitos anos antes, o cão acompanhara Ulisses quando este ia caçar cabras selvagens, lebres e veados. Nenhum animal da floresta era suficientemente rápido para ele. Agora andava por ali, velho e doente, negligenciado por todos, coberto de moscas. As suas forças só lhe dão para baixar as orelhas e sacudir levemente a cauda. Ulisses disfarça uma lágrima furtiva sem que Eumaeus dê conta. *Argos* morre em paz, após voltar a ver o dono, vinte anos depois. Talvez da mesma forma como terá morrido o cão de estimação de um Homero ainda criança.

Grandes homens com cães à medida dos seus feitos, parece escrever a História, como Alexandre, *o Grande,* que recebeu *Peritas* das mãos do pai, aos 11 anos.

Tempos depois, quando edificava o império e se viu encurralado pelos inimigos, conta-se que foi um valente *Peritas* a vir em seu socorro até à chegada dos seus companheiros. Alexandre estava ferido por uma lança e *Peritas* lançou-se sobre os soldados inimigos impedindo-os de o alvejarem novamente.

Mas *Peritas* (que significa Janeiro, em macedônio antigo) não sobreviveu aos seus ferimentos.

Alexandre batizou a cidade de Peritas, na Índia, em sua memória.

Um vaso datado de 560 a.C. consegue ainda transmitir-nos a emoção do momento em que Atalanta e os seus cães *Hormenos, Methepon, Egertes, Korax, Marpsas, Labros* e *Eubolous*, cercam e despedaçam o enorme javali de Calydon.

* * *

Ao longe, avisto o casario de São Romão, a aldeia natal de Leopoldina, como num presépio.

A estrada asfaltada, que conduz à aldeia, cruza os arrozais e transforma-se depois numa ponte sobre o Sado. O rio é mais caudaloso nesta parte e nas suas águas crescem nenúfares. Junto aos pilares há lírios viçosos cobertos por uma nuvem diáfana de insetos. Uma paragem de ônibus, triste e abandonada, dá as boas-vindas ao forasteiro. A maior parte das casas é de piso térreo, caiadas e com moldura azul e amarela na fachada, como em quase todo o Alentejo.

Uma criança brinca com um cão, num pequeno parque infantil. Ao lado, um anúncio escrito a tinta azul, na parede, diz que se vende aquela casa, juntamente a um terreno, por baixo da igreja, com 3.750 metros quadrados. Uma mulher de pele morena sai da casa ao lado e dirige-se para perto da criança e ambos ficam por momentos a observar-me. À porta do único café da aldeia há duas mesas de plástico de um vermelho desbotado e meia dúzia de cadeiras empilhadas.

Um papel por dentro, no vidro, avisa que está encerrado. Uma mulher abre a janela e confirma-me que o café já não abre mais. Ao longe, no fundo da rua, vejo um lavadouro público, com um telheiro de cada um dos lados. Caminho até lá e encho a minha garrafa na torneira. Duas mulheres num andaime metálico caiam a parede de topo de uma casa no largo da aldeia. Há muitas casas arruinadas; outras, apesar de habitáveis, estão simplesmente abandonadas.

A aldeia parece-me ter muito pouco que ver com a *Ilha dos Pretos* — nome por que era conhecida na região —,visitada por José Leite de Vasconcelos, em 1894, apenas 20 anos depois do fim da escravatura em Portugal. Levo poucos minutos a percorrer as duas ruas principais e depois vou sentar-me numa das cadeiras à porta do café, para descansar de uma jornada que já leva quase dez horas. Aproveito para escrever algumas notas com a veleidade de quem acredita que estas linhas de ideias e pensamentos poderão formar um significado e uma parede de certezas, ou que os espaços brancos entre as frases possam, de algum modo, absorver os vazios e as pontas que vagueiam soltas pela lezíria. O contrário seria abraçar a desolação absoluta e esta não ser mais do que uma alternativa à mera distração e à viagem insignificante pela margem de um rio esquecido. Escrever para colmatar o vazio, registar para exorcizar o peso do nada.

São Romão é uma aldeia fantasma; está praticamente deserta, como que envolvida por um mistério insondável, depois de um abandono inexplicável.

É difícil imaginar tudo aquilo que Leopoldina me descreveu, que possa ter havido mais vida por aqui, homens, mulheres e crianças, uma juventude fresca e impetuosa; braços fortes moldando a terra fecunda. Não há vestígios dessa energia vital que simbolizou o domínio do homem sobre a terra; de infâncias límpidas e tranquilas correndo pela charneca numa paz harmoniosa. Apenas o nada diluído no ar e no vento, antes de um vazio que antecipa a morte, nesta que é uma aldeia onde a maior parte dos habitantes viveram na dúvida congênita de que o mundo pudesse ter um futuro para eles.

A notícia dos pretos de Alcácer do Sal foi publicada por Leite de Vasconcelos no primeiro número da revista *O Arqueólogo Português*, de 1895. Não consigo deixar de imaginar a surpresa do antropólogo ao encontrar aquelas pessoas de pele escura, cabelo encarapinhado, nariz platirrínico e que sorriam para ele, dizendo-se *atravessadiços*.

O cientista chamou-lhes mulatos do Sado provenientes de África. Leite de Vasconcelos retomaria o assunto, que certamente o intrigara, no *Boletim de Etnografia*, de 1920, onde juntou a fotografia de um exemplar do que chamou de espécime português de raça negra. Nela vemos um homem de pele escura de gorro de pescador na cabeça, de suíças grisalhas e cachimbo na boca, que sorri para a câmara. Vasconcelos — o primeiro a referenciar o processo de branqueamento em curso — terá ouvido testemunhos de que em alguns ainda se sentia o cheiro forte a catinga. Aproximo-me da mulher e digo-lhe que sou amigo de Leopoldina. Ela pousa os dois baldes cheios de água no chão. Então aí consigo ver, na cor da sua pele, no seu cabelo, nas suas feições trigueiras, no silêncio do olhar, toda a história da antiga freguesia de São Romão do Sado. Vejo os negros que aqui nasceram, viveram, trabalharam e morreram. Vejo-a como a prova viva do passado da aldeia. Chama-se Etelvina, diz-me, por fim, e lembra-se muito bem da Dona Leopoldina, claro, a antiga professora primária da aldeia. Adianta que, como a professora, quase todos se foram embora daqui, já só restam 12 moradores, uns para Alcácer, outros para Setúbal e para Lisboa.

Depois de voltar aos seus afazeres e para o seu rigor silencioso, fico a pensar no desfasamento entre a existência e o sentido da História e na provável dificuldade em estabelecer um diálogo com ela sobre o passado da aldeia. Consigo apenas arrancar-lhe umas frases soltas, ideias avulsas de uma banalidade quotidiana. Mas sobre os antigos escravos, não sei se sabe ou mesmo se quer saber. O menino que ali por perto brincava é o neto; Etelvina é viúva. Os pais pais da criança trabalham em Setúbal e esta fica a seu cargo, aparentemente sem outras crianças com quem brincar. Os intervalos entre as suas frases revelam uma nostalgia vaga e indefinível, respondendo ao viajante mais por delicadeza e obséquio do que por um qualquer outro interesse. E os limites das respostas são sempre janelas abertas ou abismos, como sabemos, sobretudo momentos de estranheza que ficam no ar. Etelvina não deixará a aldeia tão cedo, pelo menos é o que me dizem os seus olhos cravados na terra. Há a casa para cuidar, pomares nas traseiras para tratar e o menino a seu cargo e que sempre lhe faz companhia e ajuda a poupar na creche, já que a economia também não vai muito bem por aqui. Ainda não é uma anciã, mas há muito que deixou de ser a rapariga de olhos negros e luminosos e de rosto sedutoramente puro, como tantas outras da Ribeira do Sado, com uma história de vida não menos comovente. Um vento tépido do início da tarde sacode-lhe o vestido negro e corre como um fantasma pelas ruas da aldeia. Uma resistência áspera e despreocupada, moldura digna, penso, para o epílogo da história dos negros pelo vale do Sado.

* * *

Depois de ela entrar em casa, subo a encosta do monte e vou ver a igreja. Esta tem um rodapé azul e as quatro janelas laterais, estreitas e verticais, com uma moldura da mesma cor. O campanário é pouco mais alto do que o conjunto do pequeno edifício. A porta da torre e da igreja, sobre a qual há uma pequena janela em forma de cruz, assim como as restantes janelas, está fechada. As plantas de meio metro que crescem junto à entrada indicam que o sino não deverá soar há muito tempo.

Separado por um longo muro caiado, fica o cemitério, cujo portão de ferro está fechado com uma corrente. Parece um cemitério de brinquedo, paradoxalmente isento de morte. Espreito por entre o gradeamento do portão e não consigo vislumbrar qualquer flor. Os restos dos mortos, se é que estão por aqui algures, vivem um duplo abandono. Não sentem o ruído da pá nem o perfume de flores frescas nas campas ou a cadência das orações, porque estas simplesmente não existem. Outros seres vivos, coelhos, ratos e raposas, habitam este retângulo inútil, repondo o justo equilíbrio da natureza. Portanto, há mais vivos do que mortos nesta encosta.

O meu desejo de encontrar sepulturas que possam evocar um elemento do tempo da escravatura esbarra num portão de ferro e numa etérea tranquilidade de jardim esquecido. Meia dúzia de cedros montam uma espécie de guarda de honra, aumentando o sentimento de abandono e de precariedade que envolve todo este conjunto. Os mortos, independentemente da cor da sua pele, parecem definitivamente esquecidos. De entre as árvores, chega-me o chilrear de uma família de pássaros. O sol está forte e no ar paira a intensa fragrância das figueiras que ladeiam a estrada e inundam de felicidade este início de tarde. Uma felicidade igualmente física, o prazer físico que provoca a natureza próxima, que chama e atrai, que se quer vista e tocada.

E daqui, desta pequena elevação, compenso a minha frustração com uma vista magnífica sobre o rio, a aldeia e o gado que pasta ao longe no vale.

Regresso à aldeia e encontro uma mulher idosa, de pele cor de terra, prendendo roupa num varal, cá fora. Efrigénia tem os olhos cor de âmbar das cabo-verdianas da Ilha do Fogo, mas quando procuro saber sobre as antigas populações escravas que habitaram a aldeia ela olha-me, admirada, e responde com a certeza tranquila de quem não precisa de dados históricos, que *isso* nunca aconteceu na aldeia. Os daqui foram sempre brancos, ponto final. Só me resta mudar de conversa, pondo uma expressão absurda e culpada, enquanto me fala de coisas triviais e da solicitude imparcial com que enfrentou a vida do campo até enviuvar. Imagino a cadeia da mestiçagem que chega até ela. A imperiosa conjugação de sangues que envolve este povo obscuro do vale.

Efrigénia prefere contar-me sobre as injustiças e a opressão social que reinavam no tempo da sua infância e dos ventos de mudança que trouxeram a reforma agrária ao vale. Conta-me tudo isto com uma embebida melancolia no olhar, revelando uma memória já rarefeita, aos 80 anos, mas livre de qualquer sentimento de revolta. Aponta-me a sua casa natal, na verdade um monte de escombros envolvido pelo mato, onde nasceram também os seus pais e alguns irmãos. Um casebre que guarda uma parte muito ampla da sua vida e da dos mais próximos.

O vigor com que sacode a roupa tirada do varal revela uma epicidade de quem suportou a vida com paciência, por entre o amor e o aborrecimento. De quem não teme a morte ou razão alguma para chorar e olha, distante, para as perturbações do mundo, absolutamente alheias a esta aldeia remota. Fala-me também de uma vizinha devastada pela doença, amiga de infância, coitada, e que foi levada daqui, a contragosto, para ir morrer num hospital de Lisboa. Quanto a mim, reflito sobre esse sentimento que é o de, continuamente, alguém ter de retificar uma memória de desprezo, libertar-se do peso de um destino humilde e doloroso, quando tudo isso deixou já de ser uma necessidade; quando o olvido já lança sobre a aldeia as suas trepadeiras que em breve cobrirão qualquer complexo em relação ao passado. A defesa da identidade, é sabido, carrega sempre o risco de um conflito com o resto do mundo.

V

É sabido como as manifestações de racismo no mestiço podem ser silenciosas e sutis.

Conscientes e inconscientes.

Noutras vezes, são de clara afetação camaleônica. Ao contrário do negro, não podemos dizer que haja muita literatura sobre a condição tão *sui generis* quanto intrigante do mestiço. Ensaios sobre o seu pensamento, suas angústias, o seu lugar na sociedade são textos raros. Não nos deparamos facilmente com um James Baldwin refletindo sobre a mestiçagem e a sua ambígua situação. Talvez por ser esta bem mais complexa e seguramente mais difícil de definir. Definir é classificar, com todos os equívocos e riscos que daí advêm. Finalmente, a mestiçagem, como todos também sabemos, pode ser cultural e não apenas epidérmica.

A segregação racial definiu, ela sim, prontamente as suas regras, os hábitos e os costumes, sem esquecer as leis e as punições para os prevaricadores. Nada de lacunas ou vazios legais, disse o frio legislador. Por seu lado, o olhar do mestiço foi umas vezes contemplativo e outras distanciado; noutras, roçou-se mesmo um sentimento de alívio. Alguns terão colocado a sua condição «purgatória» em risco por um dedo erguido em favor dos negros. Quase sempre viveu o mestiço em negação da sua negritude, o primeiro reflexo da sua crise de identidade. Teve de lutar contra essa dúvida e a incerteza constante que lhe causavam a autopercepção; a consciência de que o lugar que ocupava na sociedade estava diretamente ligado ao tom mais claro ou menos claro da sua pele.

Graças à nossa maior instrução, infiltramos o aparelho administrativo colonial português e tiramos vantagens em relação aos povos africanos dominados por eles. Basta recuarmos no tempo para encontrar a nossa indelével marca na infâmia que é o tráfico negreiro, na figura dos últimos capitães que lucraram com o negócio, como renegados do avanço civilizacional.

Na adolescência, em Lisboa, os meus colegas faziam de mim cúmplice das suas brincadeiras racistas mostrando-me, indiretamente, claro, até que ponto eu poderia *passar por branco*. A consciência mestiça procurou sempre abrigo e fez da proximidade cultural e racial «branca» a sua zona de conforto. Umas vezes por uma questão de sobrevivência, devemos reconhecê-lo, mas quase sempre pela negação pura e simples dessa área obscura e desconhecida.

Os diferentes tons de pele sempre existiram na nossa família. Aparentemente, o tema em si é aquilo a que se pode chamar de um não assunto. Mesmo que nunca tenha ouvido a minha mãe dizer que fulano ou sicrano era um *preto alto e bonito de olhos negros*, da mesma forma como se derretia ao apontar alguém *alto, branco branco d' odj azul*. O seu pai Francisco «Nênê», era *branco d' odj claro*, naturalmente.

A cultura preconceituosa fez de nós falsos-brancos e pretensos aprendizes de colonizadores nas relações com os povos do continente. A triste veleidade revelava-se cada vez que o capataz natural das ilhas substituía o chefe de posto local branco ou o administrador de concelho nas suas prolongadas férias graciosas na metrópole. E sempre que bebíamos uísque ao entardecer ou jogávamos tênis com os colonizadores, experimentávamos, por momentos, essa vertigem do *até podíamos ser nós*. A condição social de quase-brancos permitia-nos frequentar festas e bailes das sociedades locais, e no meio da vertigem e da animação perdemos o norte e criamos o hábito de chamar indígenas e desprezar aqueles cujo sangue corria também nas nossas veias.

Séculos de isolamento criaram o fosso e aprofundaram esta aversão e distanciamento cultural para com o «gente gentio», os mais negros do que nós, os mais distanciados dos «valores dignos do progresso civilizacional». E embora os nossos marinheiros tivessem convivido com estes homens, nas suas viagens pelo mundo, nunca se consideraram iguais, mesmo sendo a sua tez em tudo idêntica. A expressão *preta fina*, tão cara às gerações mais velhas, delega no adjetivo a principal missão de resgatar a pessoa da sua cor de pele indesejável, atribuindo-lhe, ainda assim, uma qualidade especial no cambiante dos tons da negritude.

Pelo menos uma vez na vida somos confrontados com a mesma angústia de Joe Christmas, atolado no mistério da sua obscura origem negra. Experimentamos sentimentos contraditórios que constituíam a carne deste mestiço sulista, saído da pena de William Faulkner, em *A Luz em Agosto*. Recordo-me como me marcou igualmente o abismo de Coleman Silk, de Philip Roth, o enigmático professor catedrático de *A Mancha Humana* que preferiu cortar caminho e fazer-se passar por judeu, namorar mulher branca e fugir à nódoa do destino de seus pais e avós.

* * *

A dúvida existencial era se seríamos, de fato, *pretos*, como afirmavam alguns colegas da minha escola.

Talvez tivessem sido levados pela quantidade de pessoas de pele escura que subiam e desciam as escadas do nosso prédio ou pelas pessoas da família que me iam buscar à escola.

Está ainda por escrever a história da perversidade entre as crianças.

Nunca soube ao certo a que categoria pertencíamos. Na maior parte das vezes estávamos mais próximos deles, em especial quando víamos um luzidio Ricardo Chibanga *triunfando* na arena do Campo Pequeno. Aos *brancos*, os mais velhos referiam-se-lhes sempre como «mandrongos», uma palavra hoje claramente em vias de extinção. No meio disto tudo, as pessoas de pele clara só contribuíam para aumentar ainda mais a minha confusão. A tia-avó Tanha era escura e tinha o nariz adunco de índia americana, com tranças brancas até ao peito; por seu lado, a tia Mana era inequivocamente branca. Usava peruca e óculos de sol e ria tão alto como as mulheres brancas ricas, mostrando os seus dentes alvos e uniformes. No entanto, o tio José, que na verdade não era tio mas primo de 2º grau, era completamente escuro.

Nos anos 1960, dois outros tios marinheiros foram barrados à porta de um clube noturno, em Jacksonville, nos Estados Unidos. Contaram que de início não entenderam muito bem o que se estava a passar, pois estavam bem vestidos, de terno e gravata como qualquer um daqueles clientes americanos. Uma semana antes tinham-se divertido em Panamá City, e preparavam-se para mais um fim de semana de festa na Florida. Mas o clube era só para brancos — *whites only*, respondeu-lhes o porteiro.

Na verdade, nenhum deles tinha cabelo *fino* de branco caucasiano. Ambos tinham a pele morena, narizes e lábios suaves e eram altos e magros, com mãos ossudas e compridas. Costumavam usar grandes anéis de ouro e fios de prata ao pescoço, e sempre que desembarcavam em Lisboa passeavam pela Baixa altivos e orgulhosos, como se acabassem de adquirir alguns dos quarteirões da parte velha da cidade.

* * *

Então, no início dos anos 1980, aconteceu algo que acabou por abalar ainda mais os alicerces do meu frágil edifício identitário. A notícia não estava assinada e a história do *Canibal de Odivelas*, que espalhou o medo e a desconfiança entre as famílias portuguesas, vinha em forma de uma simples coluna. E este é um daqueles momentos que se pode chamar de verdadeira catarse social.

Foi publicada em *O Jornal*, a 13 de março de 1981, e começava por referir o ato surpreendente e trágico de canibalismo que agitara, a semana anterior, o País. Carla Cristina, uma menina de 8 anos, fora atacada e assassinada por um cabo-verdiano.

Não contente, o indivíduo devorou-lhe ainda partes do ventre.

Tudo acontecera, segundo o jornal, em Odivelas, depois de a menina sair de casa bem cedo para ir comprar pão e leite. Augusto Dias Martins, de 30 anos, servente de pedreiro numas obras ali perto, atacou-a com uma faca, exigindo os alimentos que ela trazia consigo. O pai da menina, Francisco Figueiredo, contou que quando a sua mulher chegou à porta já o cabo-verdiano estava a comer a sua menina aos bocados. Tinha um corte na orelha e dois buracos na barriga. Apesar da presença dos pais, o homem continuou a sua tarefa. Só depois de o ter atacado com uma pedra ele fugiu, levando pedaços do fígado da jovem Carla nas mãos e na boca. Foi dizendo pelo caminho que a tinha matado e comido, que já tinha saudades de comer carne humana e que ainda lhe restavam mais três.

No lado direito da notícia, um anúncio de três quartos de página de uma companhia de seguros, mostrava uma mãe segurando um bebê nos seus braços. Embaixo a frase: *O meu filho tem mais um amigo, um amigo seguro um amparo um companheiro para os momentos difíceis.*

Dias depois, um rumor posto a circular na cidade de Beja dizia que o cabo-verdiano em causa havia fugido da cadeia e que fora visto nas redondezas acompanhado dos irmãos, numa espécie de *horda canibal.* O pânico instalou-se nas escolas primárias e infantários do Alentejo. Em Lisboa, as famílias passaram a recolher mais cedo os seus filhos, sobrinhos e netos.

Dois longos artigos no mesmo jornal abordaram o insólito episódio do ponto de vista daquilo que terá chocado mais as pessoas: a antropofagia, cometida ali mesmo na rua, na sua cidade. E para melhor compreender o fenômeno e afastar o espectro de linchamentos públicos, foram recolhidas opiniões de professores universitários e psicólogos.

Explicar o inexplicável, o horror num país de brandos costumes.

D. Pedro também mastigara o coração dos assassinos da sua amada Inês, num gesto de pura loucura em forma de amor, capaz de emocionar ainda hoje o mais simples dos plebeus. Augusto Dias Martins, o negro das ilhas, alimentara-se, vorazmente, da menina ainda viva.

Um misto de repulsa e fascínio.

Brandos costumes empapados em sangue.

Na verdade, nunca consegui compreender as explicações apresentadas pelo jornal para aquele ato:

1) A *loucura* como resposta à humilhação do imigrante e a ruptura dirigida contra os mais velhos e as crianças, os mais expostos e mais fracos;
2) *A vontade de ser branco, amado e puro* — coisas que, como escreveu o articulista na altura, o imigrante de Cabo Verde consubstanciou numa criança inocente, como justificação para sorver o fígado de Carla Cristina.

O órgão em questão também não resultou de um acaso. Estava-se a falar do mais nobre de todos, mais até que o próprio coração, insubstituível, onde se acreditava estar a alma, a força e a personalidade dos indivíduos.

A imagem do negro cabo-verdiano mastigando as entranhas da menina lançou um sentimento de terror pelo País e o caos na minha consciência de filho de imigrantes. As pessoas passaram a sonhar com exércitos de negros malvados e o mais leve comportamento suspeito era de imediato denunciado nas esquadras da polícia. A vigilância foi apertada nos transportes públicos e ameaçaram uma caça às bruxas em massa contra cabo-verdianos estudantes, trabalhadores das obras e empregadas domésticas.

Durante anos, uma imagem obscura de Augusto Dias Martins, provavelmente sintetizada dos naturais da Ilha de Santiago, que eu conhecia, acompanhou-me por toda a parte. Assim como a prostração dos pais ante a menina inocente ensanguentada, que para a maioria dos leitores do jornal não era mais do que outro episódio na fileira dos destinos humildes e dolorosos. O trágico incidente acordava em mim a ideia de recriminações da má sorte e da fadiga que um episódio tão tremendo poderia provocar para o resto da vida, ou de que como coisas tão inexplicáveis poderiam acontecer, com o romper de mais um dia. Nada conseguia apagar os vislumbres de raiva e de ternura de um pai para sempre mutilado ou de um doente mental falando horas a fio para um canto da sala do manicômio. Talvez sonhasse com espigas de milho dos campos do planalto de Santa Catarina, altivas ao vento, mas que, como sabemos, podem ser também metáforas douradas da imperfeição do mundo.

10

Do lado da lezíria, do fundo do silêncio possível dos pássaros e do vento nas árvores, chega-me o som de um rádio.

Um homem está sentado sob uma árvore, numa cadeira de ferro, diante de uma mesa improvisada. Ao longe, a sua imagem, imóvel, destaca-se numa recolhida e enigmática solidão. A sombra da árvore faz uma larga e perfeita circunferência em volta. A menos de 2 metros de distância passa o canal de rega e ali por perto o chão está atapetado de folhas. Ao lado, um marmeleiro tem as ramas carregadas de frutos e alguns estão ali pelo chão. É um homem de meia-idade, de pele morena e cabelo crespo, que ouve um programa humorístico num velho rádio transístor, sobre um tampo de mesa improvisado. Os seus gestos são lentos, demasiado pesados, numa dignidade simétrica mas indolente, eu diria, como, de resto, toda a paisagem envolvente.

O tampo original está por baixo, rachado ao meio, mas ele não se deu ao trabalho de o substituir.

É o guarda do canal, responde-me, numa absorta interioridade. Fico a saber que o seu trabalho consiste em abrir as comportas e controlar o fluxo diário de água que rega os campos de arroz, uma relação que me parece, desde logo, irrepreensível. Olhando para a água que passa, diria que é o próprio fluir da vida que o homem humildemente controla, da mesma forma que parece viver um tempo diferente do meu, e que só pode definir-se como um tempo de felicidade. No dia seguinte, imagino, estará noutro ponto do vale, sentado com o seu rádio à sombra, ouvindo a natureza das águas no canal, com a eterna e submissa confiança nas leis do universo. De vez em quando, talvez estranhando a minha demora, lança-me um olhar interrogativo, por entre a sombra e a reverberação do sol nas folhas. Por certo, não imagina o que vim fazer nestas margens do Sado, nem estará minimamente interessado no assunto, desconfio. É bem provável que ache

a minha busca sem qualquer sentido, mas isso sou eu a especular sobre o vazio que paira por detrás das suas palavras. Parece-me haver qualquer coisa esquecida que momentos como este ajudam a revelar, na medida em que a água que corre no canal não reflete apenas a luz do sol. Apesar da artificialidade das suas margens, o canal tem a nobre tarefa de trazer vida à planície, uma utilidade econômica, portanto, superior à do velho rio. Mas não é água que corra para o oceano, pois que ambas têm destinos bem diferentes, apesar da vitalidade de cada uma e de se destinarem a alimentar criaturas microscópicas das profundidades. Nas últimas décadas, um conjunto de valores trazidos pelo canal se sobrepõem ao velho Sado, o rio cuja única originalidade no universo dos rios portugueses que contam é correr para o mar, orientando-se para norte. Apesar de ser de poucas palavras, o indivíduo parece-me feliz e amar a solidão, com um semblante de grandeza e de uma vida feita voltada para o interior.

Empurradas pelo vento, vejo como as nuvens trazem sombra para onde ainda há pouco brilhava o sol e luz para o úmido coração do bosque, aqui mesmo na encosta.

Por momentos, atravessa-me um desejo ardente de fazer parte deste equilíbrio, experimentar a mesma respiração; sentar-me a seu lado, pertencer sem ter de questionar. Aspirar, talvez, a ser um pouco mais do que aquilo que eu sou, que imagino que sou, com o vento e a água a devorarem as minhas pegadas expostas ao céu e ao belo verde das árvores. Fixo a minha sombra, a minha breve e insignificante silhueta, nesta paisagem, enquanto imagino o itinerário dos ancestrais deste homem, provavelmente escravos africanos. Caminho como um órfão pela margem do rio em busca não da sua nascente mas da vida que por aqui fluiu, de fragmentos de olhares cansados, de um reverberar de ilusões sobre a erva fresca. Não existe melhor local para se interrogar a identidade, a grandeza e a condição humana do que um rio, pois nada é mais imperfeito do que o seu fluxo, mais incerto e irrepreensível do que a sua cor. Apesar de estar longe de ser um rio de superlativos, desconfio que possa haver por aqui dimensões metafísicas que me escapam, e que estão para lá da moldura da paisagem e da sua frescura ressumante. A água desce, vigorosa, desde a barragem que agora se chama de Vale de Gaio e nela flutuam folhas, ramos e pedaços de flores, numa viagem lenta e serena pelo canal e pelos múltiplos vasos que irrigam o coração e a natureza das coisas.

* * *

Ao longe, por entre as árvores, descortino o edifício da escola primária de Leopoldina, ao estilo do Estado Novo, e que vai ganhando forma na paisagem como uma espécie de templo abandonado no seu sonho santo e hermético.

Penso no papel que o domínio das letras teve na ascensão social dos filhos, netos e bisnetos dos escravos negros desta região alentejana. A vontade de querer contrair o tempo, transformando-o na escala de uma régua de dois palmos, parece-me, agora, uma tarefa absolutamente risível. Talvez seja melhor ficar-me por uma narrativa de aproximação a fatos que a terra engoliu e os ventos diluíram há muito na atmosfera.

Olhando de revés, o nascimento e a morte, o medo e a esperança, nestas épocas já remotas, parecem-me como que suspensos num único horizonte. Mas não podemos fugir à maior criação da nossa mente, ao maior investimento que a nossa imaginação alguma vez fez, que é o próprio tempo. A minha dúvida, então, é como fazer para projetar no espírito o presente árduo de trabalho e de servidão?

Talvez encontre mais respostas e sinais da presença deste povo na aldeia de Rio de Moinhos, 5 quilômetros a montante. Enquanto atravesso as sucessivas cancelas de terrenos de caça, por entre os verdes e os roxos das plantas e das flores sob o céu vermelho da tarde, tento compreender como pode alguém mergulhar no rio da liberdade quando partes do corpo permanecem ainda de fora. Quero saber qual o efeito da longa noite de cativeiro sobre a geração liberta e o que os distinguia dos homens e das mulheres de hoje. Sobretudo, se viviam a plenitude do sol ou se sobre ele restavam algumas nuvens cinzentas, enquanto empreendiam essa longa viagem social; o que estava, afinal, presente e ausente no seu pensamento.

Avanço por entre o monte e o rio, arrastando comigo as nuvens da tarde e suspenso entre dois mundos. Cada passada, cada respiração, levanta um conjunto de dúvidas novas e mergulha-me ainda mais no crepúsculo da

História. Pergunto o que pensavam, por exemplo, Pedro Fogueiro e Aurélio da Preta sobre os seus antepassados e como lidavam com essa mácula que carregavam na pele.

Acredito que estes neófitos da liberdade optassem por sacudir o véu da História e por esquecer o calvário dos seus pais e avós. É o rio que transporta a vida; a sua água continuaria fresca, os prados floridos e os montes cobertos pela sua atmosfera de paz. No martírio de Cristo terão encontrado alguma força vital e, por estas margens, onde construíram as suas pobres casas, aceitaram-no como quem aceita uma tigela de água para aplacar o seu deserto interior.

As falas e os costumes que eu ouvi de Leopoldina tornam quase irreal qualquer ligação a mares, montanhas e florestas de África. O continente ancestral foi como que varrido das suas memórias e pensar África não podia ser mais um ato de fé, quando tudo em volta tinha de ser reconstruído: a fala, o modo, o corpo e o território, numa transição para a própria sobrevivência. Como poderemos adquirir uma nova identidade a partir da servidão sem trair a nossa ancestralidade? Que harmonia é esta que se segue aos grilhões e às coleiras metálicas? Que rios e florestas teve o Sado de ajudar a substituir na memória ou a renegar no espírito? Que alma nova em forma de borboleta, no seu voo inescapável, foi essa que abandonou, num sopro, o mundo dos ancestrais para entrar numa modernidade que se quer absoluta?

O véu que cobre tudo o que é indesejável no caminho para a nova autenticidade individual.

Era necessário fazer coincidir o novo mundo com o novo mapa. Para compreender a aceitação do cativeiro por estes homens e mulheres e a ideia da fatalidade da servidão é preciso recuar à prática cristã e ao seu enraizamento nas consciências; analisar a forma como tudo isso vinha misturado com a argamassa que era Jesus na cruz. Com o passar do tempo, essa mesma Igreja haveria de os aproximar, inevitavelmente, do resto da população livre, ao denunciar a ignóbil situação do cativeiro, ou quando nas suas homilias apelava às almas cândidas e a uma vida simples coroada de bons sentimentos.

E são estas reflexões sobre identidade e realidade que me trazem ao espírito a imagem de Siríaco e dos sete anões escravos da rainha D. Maria I, a fatalidade da sua curta vida e a objetização das suas almas; a intolerância dos povos e as vidas aniquiladas na esperança. Os deformados, transformados em bobos e objetos de comédia, também podem ser animados de uma nostalgia pungente durante os intervalos que duram as suas *performances*.

Pergunto qual deles terá vivido mais tempo: Siríaco, embranquecido pelo vitiligo, nu, vestido com a própria doença? Imagino a curiosidade que a sua figura alienígena deveria despertar, aumentando-lhe ainda mais a aura espectral.

Aos outros, as roupas e os sapatos dão-lhes uma visibilidade cristã, apesar da encenação e da chacota lírica na corte e dos populares pela cidade. Aberrações, peças de gabinete de curiosidades, que *animavam* festas da corte. Penso nas disputas entre eles e D. Rosa, a noiva que surge no quadro

A mascarada nupcial, de José Conrado Roza, com uma expressão de sacralidade densa de respeito — a favorita da rainha —, e os outros, nos seus gestos mínimos: os músicos de Angola e Moçambique, o índio Marcelino transformado em Cupido, vindo das matas do Brasil, à caça da nobreza e da dignidade perdidas.

Regresso à charneca para concluir que um homem de grilhões nos pés não terá sido propriamente a realidade do escravo afro-português, ao longo do Vale do Sado. É possível imaginá-lo antes como o homem servil e cerimonioso que mora na cabana e que divide o produto da lavra com o seu dono; o negro que caminha a seu lado pela clareira luminosa, por entre os sobreiros, ajudando-o contra o Sado quando este se lança, feroz e destruidor, para fora das suas margens. No fundo, alguém que desfruta de um conforto feito de uma fidelidade canina e plena de compromissos — naturalmente sem qualquer sinal de revoltas.

A História é como um comboio cujas carruagens vão plenas de acontecimentos de há muitas décadas, séculos mesmo, mas que vivemos respirando uma contemporaneidade ambígua e absurda. Em vez de nos desvanecer, é o passado que nos aproxima e se transforma em objeto de paixões que baralham o tempo em unidades, como num jogo de dominó. Escravos e senhores, mercadoria e proprietário, vão todos sentados nesse veículo pesado, sem saberem muito bem qual o seu destino. E eu, alimentando esta vontade de tropeçar nos vestígios da sua presença no mundo, forçando os gonzos do tempo para colocar tudo e todos sobre o mesmo plano horizontal. É a busca pela realidade, por uma sucessão de momentos, num braço de ferro com essa força magnética descomunal chamada contemporaneidade.

A ânfora à beira do Chafariz d'El Rei ou submersa no poço de São Romão não me parece aspirar a mais do que isso mesmo. Ainda assim, olho para estas figuras como pessoas que triunfaram sobre a estupidez humana e a injustiça social; sobre o mal institucionalizado, graças à decência com que enfrentaram cada dia das suas vidas. Não optaram por registar as suas desgraças e os impasses das suas consciências, cadastrar toda a mesquinhez da autoridade pública e privada. Nos olhares dos seus descendentes há uma linha imperceptível de retidão de caráter e de inconformismo. A mesma que fez desmoronar a memória de ofensas sofridas, do desprezo e da maldade quase protocolar, e a recusa em habitar um mundo que se esgotava em si próprio.

Num mundo de saberes, onde os salões da casa da História estão apinhados de teses que esgotam quase todos os terrenos aráveis possíveis, sinto-me como um jovem poeta lírico, recrutado às pressas para pôr em verso essa gesta que acaba nos 12 últimos moicanos, numa aldeia sonâmbula, à beira do Sado. Levo comigo os gestos de Etelvina, Efrigénia e do guardador das águas, essa permanência inquietante e obstinada no olhar, traços de sobrevivência e da resistência moral das consciências.

Para lá do simbolismo da cor do céu e do verde fresco das árvores, o caminho já vai longo, ainda que não perfaça mais do que meia centena de quilômetros.

* * *

Chego a Rio de Moinhos quando o sol já declina.

Nas paredes de Bar-Restaurante Café Alentejano há baixos-relevos em madeira com a imagem de pastores vestidos de samarras e chapéu de feltro preto. Também há ceifeiras de costas dobradas ao sol cortando o feno, com montes pontuados por casas numa linha de horizonte sob um céu laranja. Uma iconografia que, desconfio, existirá na maior parte dos cafés da região.

Coloco a mochila numa cadeira, sento-me noutra e peço uma cerveja fresca. Passo os olhos por dois diários sobre a mesa e aproveito, mais uma vez, para pôr as minhas notas em ordem.

A sala do restaurante fica aqui mesmo ao lado. Pergunto aos donos do café, um casal jovem, se é possível arrendar um quarto para duas ou três noites. Aproveito para pedir o cardápio. O homem vai fazer uns telefonemas e a mulher diz-me que sobrou um pouco de ensopado de borrego do almoço. Por momentos, sinto-me na pele de um cavaleiro do Velho Oeste, depois de atravessar um deserto de poeira e cactos. Não há pianola nem mesas de pôquer à minha volta, mas há a telenovela portuguesa na televisão e alentejanos cinzentos e solitários de garrafa de cerveja na mão.

Perto das 8h da noite, Augusto, o dono do café, entra na sala do restaurante para me avisar que está ali uma senhora para me mostrar uma casa. Atravessamos a aldeia silenciosa a pé, invadida pelo crepúsculo. É uma casa térrea, com um portão de ferro, situada numa das ruas centrais da aldeia. Eu fico com o menor quarto e tenho acesso à casa de banho, sala e cozinha durante o tempo que eu quiser.

Tomo uma ducha quente e demorada e vou estender-me na cama. O quarto é o mais simples que pode existir. A televisão, enorme e cinzenta, parece não estar a funcionar. Ao fundo há uma estante vazia. Uma mesa e duas cadeiras de madeira compõem o resto do mobiliário. A janela estreita sob a cabeceira da cama dá para a rua. O candeeiro da mesa-de-cabeceira tem a forma de um globo terrestre.

Aperto o botão e o globo de tela de imediato ilumina-se . Os continentes com os seus países demarcados ficam a vermelho e verde e os mares e oceanos a amarelo-torrado. Globo Histórico Iluminado, leio a frase por dentro de uma moldura de volutas sob a baía do Pacífico Oriental. Na linha dos olhos tenho James Cook (1728-1779), à esquerda da Nova Zelândia, sobre um traço contínuo que assinala a sua viagem pelo Oceano Pacífico; à direita está Fernão de Magalhães (1480-1521), olhando em frente sobre o arquipélago de Tuamotu, ao lado das Ilhas Marquesas. A linha que assinala a sua viagem histórica atravessa a corrente «sul equatorial». Rodo o globo um pouco mais para a direita e junto ao México vejo uma figura cuja testa lembra-me Bocage, o poeta de Setúbal; mas a legenda diz tratar-se de Alexander von Humboldt (1769-1859), o viajante naturalista alemão que desceu o Orenoco. Outra moldura de volutas, esta oval, contém um gráfico com os centros populacionais, uma escala em quilômetros e outra em milhas marítimas. Para o lado direito, Cristóvão Colombo (1451-1506) surge em pleno mar dos Sargaços, de barrete na cabeça. Continuando a viagem pelo globo, reencontro James Cook agora entre o Brasil e Angola, sobre Vasco da Gama (1469-1524) a caminho do Cabo da Boa Esperança, mas ainda com muitas milhas marítimas pela frente; e logo de seguida lá está Gama no Oceano Índico, deixando para trás a Ilha de Socotra, no Mar Arábico, a caminho da Índia, levado pela corrente da monção. A lâmpada interior ilumina os países, como uma lua cheia colorida, fazendo sobressair os fundos oceânicos e todas as legendas, indicações pormenorizadas sobre as correntes, os trópicos, as bacias, as contracorrentes existentes no planeta, por altura de 1980.

Não foi esquecida, naturalmente, a trajetória do satélite *Skylab* na sua queda, em 11 de julho de 1979, nem faltam também a União das Repúblicas Soviéticas Socialistas, as Repúblicas do Iêmen do Norte e do Iêmen do Sul, da Etiópia bordejando o Mar Vermelho sobre a Eritreia e a coesa Jugoslávia de Tito. Uma última moldura vitoriana indica que os direitos de *copy* do globo terrestre pertencem ao 1980 Scan-Globe A/S, fabricado na Dinamarca, cuja cartografia se devia a Karl F. Haring, impresso por E. Gieseking.

* * *

Ananias Grosso é uma espécie de poeta do efêmero que enriquece a vida escrevendo versos em honra às mulheres, às cegonhas e à lezíria verdejante.

Vou visitá-lo no lar para idosos onde vive. Espero na sala de visitas, até que ele chega pelo braço de uma das funcionárias, como que atravessando uma cortina de luz, pela claridade matinal que lhe banha as costas. Tem os ombros ligeiramente curvados e estende-me uma das mãos como se reconhecesse de imediato um velho amigo. Estas têm a cor ocre da terra e são nervudas e magras como as raízes das árvores, qual símbolo das vicissitudes da vida. É um homem velho pleno de vida e combatividade cujos gestos estão cheios de sentido e sem aquela melancolia de quem vê a vida fugir-lhe. Veste um casaco de malha azul sobre uma camisa preta e umas calças de fazenda da mesma cor; tem um boné preto na cabeça e um nariz proeminente entre umas orelhas grandes. Em volta da sua íris, cinzenta, há uma auréola azulada que contrasta fortemente com o branco do globo ocular.

Começa por se desculpar dizendo-se um pouco fraco por causa do enfarte que sofreu pouco antes de completar 94 anos. Fico a meditar sobre esta expressão de desprezo pelo próprio declínio biológico. Ananias Grosso fita-me, como se ostentasse um largo toucado de penas de chefe índio e eu uns simples óculos de aros de metal de jovem antropólogo. De seguida, faz um gesto com a mão para a empregada, dizendo que está tudo bem, que ele conduz as coisas daqui para a frente.

Mal ela se afasta, ele coloca uma expressão de quem recupera a clareza lógica e pergunta-me se são coisas da aldeia que eu pretendo saber. E antes mesmo de eu responder, diz-me que a origem do nome da aldeia vem dos cinco moinhos de um vale de água que corre por um barranco durante todo o ano, *de umas 10 ou 12 polegadas de água*.

Foram construídos por gente do Alvito, ali a poucos quilômetros, que sabiam muito bem trabalhar com moinhos. Um dia viram que aqui havia boas condições e convenceram os donos das propriedades a construí-los. Ananias Grosso explica-me todo o processo: procurava-se um ponto elevado no terreno e faziam-se represas para segurar a água, e assim foram construídos no vale, à saída da aldeia, separados por 500 metros uns dos outros.

Ainda restam duas mós antigas, num silvado, e algumas pedras.

Ananias não nasceu aqui, mas na aldeia de São Romão, como me explica, que até 1930 foi sede de freguesia. Um tempo em que havia muita gente pelos montes e povoações em redor, mesmo entre Rio de Moinhos e São Romão. Os povoados hoje estão todos vazios, o que para Ananias é, seguramente, coisa da providência, assim como o é o fenômeno da existência e o seu sentido.

O velho Ananias é tudo aquilo que desejamos ser: longevo e naturalmente épico; pura força vital, capaz de olhar a vida do alto com olhos de ave de rapina, mas humilde e loquaz como um pardal no vale, quando sorri. Um apaixonado pelos versos de José Régio e que nos últimos anos se vem dedicando à reflexão sobre a dimensão moral e espiritual das coisas. Pouco importa que viva agora a maior parte do tempo num lar, pois revela-se fascinado e admirado com sua própria vitalidade. Talvez confunda serenidade com fé na imortalidade, digo para mim, ao ver essa auréola de confiança que paira sobre ele. A vida agora não é mais do que uma questão de deve e haver, afirma, para de seguida me confessar como esta lhe foi, para seu espanto, extremamente generosa, ele que sempre teve exigências pessoais modestíssimas.

Pergunto-lhe o que sabe sobre as populações de raça negra da região. Mas Ananias ignora a questão.

Certo dia, conta-me, indo ele *a cavalo numa burra e o primo num macho*, cruzaram-se com o latifundiário Rosa Dourado, que era dono da maior parte das terras daqui. Fizeram-lhe uma longa vênia, ele gostou e perguntou para onde iam, depois disso mandou construir uma escola em Rio de Moinhos. Aos 15 anos foi para um comércio, onde o tio era o chefe, mas fartou-se e começou a namorar. Foi depois para a tropa em 1939, na cavalaria 5, de Évora, e quando saiu «enganou» uma moça e pensou em fugir, mas depois desistiu. Durante a guerra de Espanha as pessoas compravam jornais para ele ler. Nunca teve habilidade para trabalhar por conta própria, confessa-me.

«Fui capataz nos campos de arroz, a terra era boa, jogava-se uma mão de arroz sobre ela e dava muito, em 90 dias ou 110, se fosse carolino.» «No meu tempo», prossegue Ananias, «os campos de arroz de hoje eram só uns caniços. Os Dourados mandavam vir gente do Pinhal Novo, galegos de Viseu, de Aveiro, traziam enxadas, safavam o caniço, comiam pão de milho. O conduto era sempre peixe. Havia toda a qualidade de peixe no rio.»

Volto a insistir e pergunto-lhe se chegou a conhecer algum descendente de escravos negros.

Fico, por momentos, com a leve impressão de que está deliberadamente a contornar a questão.

«Essa gente é que rompeu as terras de arroz, havia bocadinhos de terra onde cultivavam o arroz, não nas partes largas do vale como agora. Semeava-se na primeira sexta-feira de março, cavava-se a terra e regava-se com água, vinha muita gente de fora, do Algarve, para colher o arroz em molhinhos. Tiravam-se dois ou três pés e plantava-se, mondava-se muito depressa, mondava-se a meeira, as pessoas deixavam os sapatos sobre o muro e entravam na água, mas de qualquer maneira andava-se descalço nesses tempos. A química matou o peixe e as abelhas, mas é uma coisa incrível: mata a erva e fica o arroz, uma coisa maravilhosa. O trigo e a cortiça eram carregados em parelhas com quatro bestas a puxar e desciam o vale rumo a Porto de Rei.» Por fim, Ananias olha-me, admirado, por instantes, e responde-me, com um olhar enigmático e irônico, que cada autor escreve a história dos negros da região à sua maneira.

«Tenho ouvido contar que antigamente havia muito paludismo na região, muitos mosquitos. Eu próprio cheguei a apanhar paludismo crônico. O quinino deixava as pessoas amarelas. Certa vez fui operado ao estômago no Hospital Escolar de Santa Marta, em Lisboa. Veio um médico e perguntou-me porque é que eu estava tão amarelo. Depois disse-me que aquilo era do quinino que nós, os daqui, tomávamos.

Conta-se que os Távoras mandaram vir os africanos que desembarcavam em Porto de Rei, e depois ficavam por aí nas herdades e a cultivar a terra. E como havia brancos misturaram-se, casavam-se uns com os outros. Em São Mamede havia muitos, era uma área isolada, os pretos casavam-se com as mulheres daqui, dava-se o caso, mas ficava sempre um pinguinho do seu sangue. Ainda hoje se conhece essa raça, gente mesmo preta, o beiço, a fala, o cabelo. Sabe, ainda hoje existem pessoas dessas, os descendentes, o beiço é tal e qual. Os Bacalhaus eram uma família de pretos, os Baião, de

São Romão, também. Tenho um sobrinho que é escuro, o pai era da Quinta de Cima, que pertence aos Rosa Dourado, são todos pretos, raça mesmo de pretos. Quando ele tinha o cabelo preto via-se mesmo, a cor é a mesma.»

Mas essa gente não tem nada a ver conosco.

Ananias Grosso fica por instantes em silêncio, como que confirmando, de fato, o meu interesse por um tema tão particular, parecendo balançar entre a verdadeira vida e a banalidade.

«Os antigos diziam que os pretos vinham para cá para nos ensinar a cultivar o arroz, mas se eram selvagens como é que nos podiam ensinar? Eram obrigados a romper a terra, mas o pior era quando chegava o barco carregado de pretos e depois custava ver os donos separarem as famílias. Dizem que o mundo está mais desenvolvido mas não acredito. O que havia antigamente há hoje de outra maneira, a escravidão hoje é de outra maneira. A estrada que vinha de Beja era de pedra e os pretos eram obrigados a construí-la, ainda hoje se conhecem bocados dessa estrada, nas herdades.»

Ananias tira um lenço branco do bolso das calças.

Depois de enviuvar, encontrou nos versos e na reflexão sobre o mistério da vida, da morte e do destino uma nova companhia. Fazendo as contas por alto chega à conclusão de que já andarão por volta de uns 650 versos, distribuídos por dezenas de cadernos que guarda em casa.

É quase hora do almoço. Depois de ver a empregada espreitar pela porta, levanto-me para me despedir.

Mas, então não quer ver a preta?

Venha cá, não se vá embora sem ver a Luísa Baião.

Sigo-o pelo corredor. Passamos a sala de estar dos idosos, ele bate a uma porta e entramos. Uma anciã de pele escurecida e com a cara coberta de manchas do tamanho de moedas está sentada sobre a cama. Com 96 anos é a mulher mais velha da aldeia, e assim que nos vê dirige-nos de imediato um olhar mudo e suplicante. Ananias chega-se perto, tranquiliza-a e fala-lhe ao ouvido. Ela olha-me com uns olhos tristes e confusos, mas de repente um sorriso ilumina-lhe a cara, como se visse em mim uma revelação absoluta. Com um movimento pesado — o que lhe sobra de uma dignidade inabalável — aponta-me uma cadeira. A sua história, comovente, tem tudo para ser interessante. Tento conversar com ela, mas apesar da simpatia e da boa vontade a sua surdez revela-se um obstáculo intransponível. Já não ouvimos as vozes da realidade nem os sons do mundo. As muitas histórias, sem nome, que ficam por contar diluem-se por entre os escombros do passado e na multiplicidade caótica do mundo. Do pouco que consigo captar fico a saber que os seus irmãos trabalharam, como ela, quase toda a vida na Quinta de Cima e na Herdade da Salema. Conta-me também como os trabalhadores vinham de Pegões, de Benavente e do Algarve *para mondar o arroz no mês de São João*. E é tudo o que colhemos e encerramos num sorriso franco e misericordioso.

Despedimo-nos, no sussurro inaudível da vida.

* * *

Quando chegamos à porta, Ananias recorda-me ainda como as pessoas trigueiras e escuras como Luísa Baião e os irmãos falavam igualmente uma língua diferente, chegando mesmo a usar palavras diferentes.

Lingriça, vrido…

Saio para a rua levando na ideia um vago projeto para a compilação de um léxico de palavras da língua do povo *atravessadiço*, que muito agradaria, por certo, a Leite de Vasconcelos. Os gestos, a cor e os sons que se propagaram pelas margens; impropérios e gíria acanalhada de uso diário. Penso em como irei recordar o velho fatigado e evasivo que me acena da porta: um autonomeado conservador da cultura da sua gente, historiador acidental e crítico mordaz. O homem que redimensiona a razão e a história do mundo através de versos e historietas humorísticas, capaz de transcender a pequenez da sua aldeia, na esteira do poeta de Vila do Conde.

VI

Antes de escrever o relato da busca pelo leviatão branco, Herman Melville viajou pelos mares do planeta ao lado de marinheiros cabo-verdianos.

Na satírica *short story* a que deu o título de *Gees* (qualquer coisa como *Tugas*), o autor de Moby Dick refere-se-lhes (em especial os naturais da Ilha do Fogo) como portugueses. Trata-se, muito provavelmente, de uma das primeiras referências de sempre, em alguma publicação, ao povo das ilhas, nos Estados Unidos. Nela, Melville relata todo o preconceito e o desdém dos restantes marinheiros por estes homens singulares considerados inferiores. Descreve também as cinzas expelidas pelo vulcão do Fogo e a pobreza da ilha em gêneros alimentícios, apontando o peixe como derradeiro recurso disponível.

À primeira leitura não ficamos esclarecidos sobre os verdadeiros motivos que levaram o escritor americano a debruçar-se sobre os cabo-verdianos: simpatia, solidariedade, compaixão ou apenas desprezo pelos marinheiros das ilhas?

Melville também descreve o cabo-verdiano como sendo bastante pequeno, mas valente e com grande capacidade de trabalho, dependendo do momento. Aponta a sua falta de imaginação, apesar do grande apetite, o seu grande globo ocular, mas a curta visão. A boca é grande, diz Melville, se comparada com a sua barriga. O cabo-verdiano tem o pescoço curto, a cabeça redonda, compacta, o que, na sua opinião, indica uma inteligência sólida. Os dentes são fortes, duráveis, quadrados e amarelos. Como o negro, continua Melville, o cabo-verdiano tem um odor peculiar, mas diferente.

É tão intrigante quanto incompreensível que o escritor não considere o cabo-verdiano como sendo negro. A sua hibridez, diz, coloca-o numa espécie de limbo que serve a todo o tipo de qualificações. Há um tom complacente na referência aos filhos de uma «silenciosa melancolia, nados num solo de *caput mortuum*». Estes tinham-se dado a conhecer aos mestres dos baleeiros norte-americanos, havia então 40 anos, quando aqueles passaram a tocar na Ilha do Fogo em busca de homens para a tripulação. Fato incontestável é que no momento em que escreve o seu relato, o ano de 1856, os naturais da Ilha do Fogo encontram-se a bordo de quase todos os baleeiros norte-americanos.

Na verdade, a razão para tal realidade era menos prosaica do que eu imaginava, pois os cabo-verdianos eram preferidos porque não exigiam qualquer salário. Trabalhavam apenas em troca dos biscoitos que recebiam, para além dos tabefes e dos socos que lhes davam em quantidades generosas. Muitos capitães afirmavam que os «gees» (cabo-verdianos) eram superiores física e intelectualmente aos marinheiros norte-americanos, que quando não tratados decentemente criavam problemas.

No entanto, Melville alerta para a imprudência que é navegar num navio com uma tripulação composta só de cabo-verdianos *verdes* (inexperientes), por causa da falta de jeito com os pés, com que tinham de escalar o cordame. Um grande número desses cabo-verdianos *verdes* estava habituado a cair ao mar na primeira noite escura de tempestade. Apesar de tudo, estavam sempre prontos para embarcar, bastando para isso acenar-lhes com uma mão cheia de... biscoitos.

Para conhecê-los bem é preciso estudá-los, já que cabo-verdianos e cavalos, adianta o escritor, em caso algum se podem conhecer através da mera intuição. Para o efeito, um capitão deve colocar-se diante dele a uns três passos para que o olho o possa ver de cima a baixo. Assim consegue perceber toda a estrutura, a forma da cabeça, o tamanho das orelhas, as articulações, as suas pernas, o estado do peito. Também não deve confiar nos cabo-verdianos recomendados pelos seus patrícios. Um capitão de New Bedford embarcou um indivíduo e logo na primeira recolhida de vela este denunciou-se quando as calças subiram na canela deixando à vista umas pernas cheias de elefantíase. Em pleno alto-mar, numa longa viagem de caça à baleia e sem poderem desembarcá-lo, o marinheiro cabo-verdiano passeou a sua elefantíase pelos mares durante três anos.

O texto satírico de Melville teve uma ressonância simbólica *vis à vis* o racismo científico mascarado de etnologia, que na época fazia escola tanto na Europa como nos Estados Unidos.

Na verdade, os cabo-verdianos dos Estados Unidos, brancos, mestiços ou negros, nunca aceitaram ser confundidos com os negros norte-americanos — o grande temor do mestiço das ilhas. As suas contradições e as complexas nervuras identitárias acompanham-nos, ainda hoje, onde quer que estejam, por muito que o queiram esconder.

***

I am not a colored man. I am from the white race. I was born in Portugal.

«Sweet» Daddy Grace, Carlos Marcelino da Graça de seu nome verdadeiro, também recusou ser confundido com os afro-americanos.

Estes jornais chamam-me de Negro. Não sou um Negro, e mais: nenhum Negro neste país é capaz de fazer o que eu estou a fazer.

Mas a igreja que Grace fundou em 1919, The United House of Prayer for all People (qualquer coisa como a Casa da Oração Unida para Todos), vivia sobretudo da fé dos afro-americanos com os quais Daddy Grace nunca se quis identificar.

Em 1934, durante uma audiência de julgamento, quando lhe perguntaram se se considerava fazendo parte da raça negra, Grace respondeu: *Considero-me apenas humano.*

Para um pastor evangélico, a questão racial, de fato, nunca poderia colocar-se. Ao contrário dos meus tios em Jacksonville, Grace declarou nunca ter sentido na pele as leis de Jim Crow. Dizia-se amado tanto pelos brancos como pelos negros. Tal como o meu avô Francisco «Nênê», o pastor considerava-se também português de nacionalidade. Estava profundamente convicto de que pertencia à raça branca, talvez por continuar a raciocinar de acordo com as velhas categorias da sua Brava natal.

A tez morena e os cabelos compridos até os ombros, o bigode penteado à escovinha, capa de veludo azul sobre as costas e as unhas de 5 centímetros pintadas de verde, vermelho e azul compunham a sua *flamboyant* figura. Tinha tiradas extraordinárias, em público: *Se Moisés voltasse*, afirmava, apontando para o peito, *ele haveria de seguir este homem*; ou *se pecarem contra Deus eu posso absolver-vos, mas se pecarem contra mim, nem Deus vos poderá salvar.*

A sua vida extraordinária chegou-me misturada com as memórias da passagem do meu tio-avô David pelos Estados Unidos. Nas reuniões de família, era comum viajarmos nestas histórias dos parentes emigrados, contadas pela minha mãe. A aventura norte-americana do meu avô Francisco «Nênê» e do irmão David estimulavam a minha imaginação, assim como a sua fotografia, tirada em São Vicente, em 1918. Nela, vemos um homem novo de cabelo curto, olhos claros, nariz pequeno e lábios finos, que embarcara em 1907, aos 17 anos, num *Three Master* como *boy* de câmara. Tempos depois ele e o irmão chegaram de malas na mão a New Bedford, a casa da tia Maria Cardoso.

Francisco «Nênê» foi soldador, manobrador de máquinas e por fim arpoador num baleeiro da Nova Inglaterra. David foi aventureiro com ocupações duvidosas. Há quem afirme mesmo que terá ganho a vida de forma pouco clara em apostas, corridas, boxe, cavalos, loterias viciadas, por Massachusetts, Rhode Island e Connecticut. Pelas docas de New Bedford e Nantucket e nos bares à volta de Fox Point, em Providence, falava-se que andava metido com um grupo de contrabandistas portugueses de Provincetown, liderado por um capitão de nome «Manny» Zora. À noite, juntamente com o irmão Francisco «Nênê» e Jack Barreto, um amigo de São Nicolau, treinam boxe, num clube italiano, por cima de uma garagem, na Acushnet Avenue. David torna-se rei de brigas de bar. Dorme, amiúde, ao frio nas esquadras de New Bedford à espera que Francisco e Jack paguem a fiança. Viaja depois para a Califórnia. Não faz fortuna, mas volta *wiseguy*, malandro, homem de expedientes pouco claros.

«Nênê» era mais ajuizado. Amava São Nicolau, aonde regressava de dois em dois anos anos. Depois de lhe terem nascido os três filhos caiou a casa e investiu em terras de regadio e de sequeiro, espalhadas entre o Cabeçalinho e o Morro Braz. No porto de New Bedford embarcou camas, mesas, cadeiras de mogno, cristaleiras finas. No final dos anos 1920 trouxe o primeiro gramofone para São Nicolau, que ficou instalado na sala, entre as fotos do *Titanic* e do *Lusitânia*. A minha mãe contava que durante uma das travessias do Atlântico, quando ele regressava para se casar, ouviram algo a bater no casco do *Ernestina*, como um pedaço de madeira solta. Havia o perigo sério de poder danificar o leme e deixá-los à deriva. No porão estavam 12 caixas de artigos de louça e mobiliário para a casa. Quando viu que ninguém entre os tripulantes ou os passageiros se voluntariava para ir ver o que se passava, despiu a camisa, atou uma corda à cintura e mergulhou no mar, resolvendo o problema em dois tempos. Mas, ao chegar, sentou-se e chorou como um menino durante um bom bocado. Costumava descer a cavalo das Pombas para a vila da Ribeira Brava. No tempo das chuvas, calçava botas de borracha, vestia uma capa de oleado preta e ficava, sorridente, à chuva ante a curiosidade da mulher e dos filhos. Uma tarde, aos 49 anos, caiu da mula e perdeu a fala. Morreu poucas horas depois. O irmão David não perdeu tempo, forjou a documentação e apresentou-se ao banco americano como o único herdeiro, ficando com todas as suas economias.

O tio David era um homem gordo, de mãos pequenas e dedos polpudos. A minha mãe lembra-se ainda de vê-lo subir a estrada do Caleijão montado numa mula com um chapéu de abas largas e polainas lustrosas. O tio Dav, como ela ainda o trata, conheceu Marcelino quando este se casou com uma rapariga da família Lomba, também da Ilha Brava. Costumava passar lá por casa e levava doces para os dois filhos do casal, Irene e Norman. Durante uns anos, ele não teve notícias do Marcelino. Certo dia, ao caminhar pelo centro de New Bedford, reparou numa reunião de pessoas num salão, do outro lado da rua, uma espécie de comunhão em festa, com música de orquestra, um lugar cheio de negros norte-americanos. Lá no fundo, um homem falava de pé para as pessoas que o escutavam, com muita atenção, sentadas. A voz pareceu-lhe familiar. Mas só quando se aproximou é que ele viu que era mesmo o Marcelino da Brava, que agora se chamava Grace, e que lhe fez um grande sorriso.

***

Quando Francisco «Nênê» e David chegaram aos Estados Unidos, nos primórdios do século XX, Carlos Marcelino da Graça já se tinha juntado à família, em South Water Street, em New Bedford.

O tio David tê-lo-á conhecido em Cape Cod, na apanha de *cranberries*. Mas a agricultura não era bem o caminho para quem estava destinado a ser o «intermediário de Deus na Terra».

Seguiu-se um périplo pelos Estados Unidos, México, Egito, Jerusalém e Portugal. Carlos Marcelino da Graça deu lugar a Charles M. Grace, numa metamorfose que já havia começado quando abandonou a segunda mulher, Jennie, e os filhos. Começou então a pregar e a abrir locais de culto, um pouco por toda América do Norte. O «chamamento de Deus» dá-se logo a partir de 1919, quando abre a sua primeira Casa da Oração, de matriz pentecostal, em West Wareham, Massachusetts. Segue-se outra em New Bedford, na Kempton Street, onde o tio David tê-lo-á encontrado naquela noite. O aumento do número de fiéis e das Casas de Oração terá trazido trabalho extra ao tio David e aos restantes colaboradores de Charles M. Grace. Por esta altura, a Grande Migração levava milhões de afro-americanos do sul a instalarem-se em cidades do norte: Chicago, Cincinnati, Washington, Baltimore, Nova Iorque, Minneapolis, onde havia mais empregos e maior tolerância racial. E são estes trabalhadores negros, a maior parte analfabeta, que vão beber a esperança nas palavras «divinas» dos líderes religiosos negros dos anos 1920, como Father Devine.

Ao contrário do excêntrico Daddy Grace, as imagens da época mostram como Father Devine tinha a aparência sóbria de um *badiu* da Assomada em dia de festa. Era um homem de baixa estatura, pescoço taurino e calva larga. Nas fotografias, surge sempre de terno bem cortado e colete com gravatas às riscas e lenço na lapela. Passava o tempo em confraternização com os fiéis e em almoços e jantares de angariação de fundos para a sua igreja. Por vezes, não resistia a juntar a sua voz esganiçada a *gospels* apoteóticos. Bairros negros como o Harlem eram os feudos da sua *mission* e a chegada de novos pastores, como Charles Grace, só podia representar uma ameaça.

As curas «milagrosas» protagonizadas por Grace, em 1926, em Savannah, na Geórgia, aumentaram o número de fiéis. O tio David e os restantes *auxiliaries* da Casa da Oração esfalfavam-se na preparação de novos encontros em tendas e organizando autênticos acontecimentos públicos. Os «batismos» coletivos decorriam normalmente em piscinas, junto às Casas de Oração, ou em lagos, rios, benzidos previamente pelo pastor. Nas cidades recorriam ao «chuveiro divino» dos hidrantes dos passeios. Numa das fotografias, tirada em Augusta, Geórgia, pode ver-se uma multidão em volta de uma piscina e o pastor Grace, vestido de negro, com a água pela cintura e seis fiéis trajados de branco, touca incluída, aguardando a sua vez para serem batizados. Por esta altura muitos começam a chamá-lo de Cristo Negro.

Um incidente em Seversville, na Carolina do Norte, poderia ter ensombrado para sempre a carreira de Grace. Durante um desses batismos, num rio, o pastor reparou que um dos fiéis havia perdido o pé e que se debatia, aflito, para se manter à tona da água. Tentou retirá-lo por duas vezes, sem sucesso, até que já cansado nadou para a margem e o homem acabou por se afogar. Grace retomou a sua tarefa e continuou a batizar a multidão que o aguardava.

Mais tarde, comentaria: *Acho que até foi bom para o homem. Foi um bom dia para ter morrido, não acha? Ele estava a contribuir para a glória dos céus e deve ter tido uma morte maravilhosa*

O homem que o tio David conheceu na juventude ocupava agora, magnânimo, a *Montanha Sagrada,* o emblemático trono na sala de culto da Casa da Oração. Dali Grace proferia, por vezes, palavras em português e mesmo em crioulo, por entre a música dos trombones e o êxtase dos mais fervorosos. O pastor considerava um sinal de verdadeira comunhão com Deus o ato de falar línguas estranhas (*to speak in tongues…*). E não terá sido difícil para o tio David verificar como o velho amigo Marcelino da Brava se tornara na máscara que usava e como deixara de ser personagem dupla para assumir de vez o papel que ele julgava que a História lhe reservara. Escusado será perguntar se alguma vez deu conta do que lhe estava a acontecer.

God does not answer your prayers when you use your own language. God wants us to speak His language, not your language.

De acordo com as histórias da minha mãe, o tio David era aquilo a que se pode chamar um homem do terreno. Fazia parte da equipe que se encarregava da preparação da chegada de Daddy Grace às cidades (*Daddy Grace is in town, come everyone!).* Fiscalizavam as bandas de música que iriam publicitar a chegada do pastor e o Cadillac ou o Packard de luxo de onde o pastor iria acenar para o povo pelas esquinas. Tratavam ainda da distribuição do *merchandise* «benzido» por Grace: lenços de assoar com a efígie de Grace, a *Grace Magazine*, a Pasta de Dentes *Grace*, o sabão *Daddy Grace Allwater Soap*.

People can even be cured by touching a piece of paper I throw away.

O intermediário de Deus na Terra.

Never mind God. Salvation is by Grace only, Grace has given God a vacation...

No final dos anos 1930, o bairro de Harlem tornara-se a maior comunidade negra dos Estados Unidos e aqui iria dar-se o inevitável embate entre Grace e Father Divine. Para além do Harlem dos teatros, do *jazz* de Duke Ellington e de Louis Armstrong, do Cotton Club e do movimento Renaissance, havia o Harlem da violência, dos miseráveis, das famílias e empregos pulverizados com o *crash* de 1929. Divine decide instalar aqui a sua sede, Number One Heaven.

Segundo os jornais da época, Grace ficou ofendido por Divine se ter autoproclamado Deus. Mandou os seus colaboradores informarem-se sobre a situação do imóvel onde Divine tinha a sua sede e descobre que os proprietários, um dos bancos da Baixa da Manhattan, estão interessados em vendê-lo. Sem perder tempo, o pastor faz de imediato um depósito de 2 mil dólares junto do banco, como sinal para a compra do edifício. O salão, com capacidade para 500 pessoas sentadas, é o ideal para a sua Casa da Oração. O desfecho é uma das histórias mais faladas da guerra entre líderes religiosos negros, alimentada pelos jornais. Após fechar a compra do edifício de quatro andares, junto do Union Square Bank, Daddy Grace convocou os jornais para lhes dizer que decidira despejar Father Divine e instalar ali a sede da Casa da Oração. Quanto a Divine, Grace respondeu:

I will not drive him out of Harlem, I will just let him stay. Poor fellow ...I will give him peace and pity.

A «guerra santa» entre ambos fez delirar a imprensa, que a terá mesmo instigado. Grace concluiu o negócio e antes de viajar para a sua casa de férias em Cuba enviou uma mensagem a Father Divine, através dos jornais: *Vai lá agora explicar ao teu rebanho como é que Deus Todo-Poderoso pode ser despejado da sua própria casa.*

A compra de Number One Heaven revelou a Grace outra realidade que lhe agradou sobremaneira: o poder passava igualmente pela aquisição de bens imobiliários. Entre os vários edifícios que o pastor compraria, nos anos seguintes — num total de 41 imóveis, com o dinheiro dos fiéis que ele «administrava» —, estavam uma mansão de 20 quartos em Newark, o Savoy Theater, o edifício de apartamentos El Dorado, em Manhattan, o Oriole Theatre, em Detroit, uma mansão com 54 divisões, em forma de castelo francês. No final dos anos 1950, Grace adquiriu aquela que era vista como a cereja no topo do bolo: a mansão de Berkeley Square, em Los Angeles, a sua última residência, com 85 quartos.

O tio David nunca chegou a conhecer a fazenda do Brasil ou a casa nos arredores de Havana. Mas durante os meses de julho, agosto e setembro acompanhava Grace nas suas digressões entre Nova Iorque e a Florida. Estas incluíam as cidades de Buffalo, New Heaven, Nova Iorque, Filadélfia, Wilmington, Baltimore, Washington DC, Newport News, Norfolk, Winston-Salem, Charlotte, Columbia, Augusta, Savannah e Miami.

No início dos anos 1930, Minnie Lee Campbell, uma jovem escanzelada e fiel devota da Casa da Oração, abalou a imagem pública do Rei da Glória, ao acusar Grace de tentativa de violação. Tudo aconteceu depois de este lhe ter dado carona para Filadélfia, disse ela em tribunal. Minnie, que ao que parece também fazia limpezas em casa de Grace, acusou-o, igualmente, de assédio sexual nos dias que se seguiram à tentativa de violação. Mais tarde, relatou, numa voz trémula, que apenas cedera a ter relações sexuais com o pastor em troca da promessa de um emprego como pianista na Casa da Oração de Baltimore.

Nos registos consta que Grace gostava muito de a ouvir tocar os salmos.

Da complicada relação resultara um filho, mas Grace, do alto do seu olímpico *glamour*, recusava-se a reconhecê-lo. John Hero, o seu motorista particular, confirmou a inocência do patrão e as Casas de Oração fizeram questão de enviar declarações aos repórteres afirmando: *É tudo mentira. Daddy Grace é puro.*

No plano familiar as coisas não lhe corriam melhor. Aos desentendimentos com a filha Irene juntou-se a morte do filho Norman. Enquanto decorria o funeral de Norman, em New Bedford, Grace continuou tranquilo no seu trabalho de evangelização em Charlotte. O seu segundo filho, Marcelino, o único com quem Grace ainda mantinha algum contato, deu entrada numa instituição psiquiátrica para iniciar o tratamento contra a esquizofrenia. Três anos depois, Marcelino fugiu do hospital e durante mais de uma década ninguém soube dele.

* * *

Foi provavelmente a primeira vez que se viram imagens cabo-verdianas numa tela de cinema.

No salão da casa de New Bedford, para além de Grace estão presentes um advogado chamado Balla, Manuel Rose e o seu filho Mário «Marty» Rose, e ainda mais dois elementos da Casa da Oração. O autor do filme de 44 minutos é o jovem Mário «Marty» Rose que visitou as ilhas de São Vicente, São Nicolau e Brava, em 1937. As imagens mostram a baía do Porto Grande, em São Vicente, e a antiga Rua do Telégrafo, e ainda uma demonstração de uma aula de educação física por alunos do Liceu Gil Eanes. Mário seguiu depois viagem para São Nicolau, onde captou uma procissão ao Monte Sentinha. Nas imagens, pode ver-se os devotos subindo a encosta, sob um sol abrasador, guiados pelo padre. Na Ilha Brava filmou a Baía de Furna, a cerimônia festiva de preparação de um casamento, com os noivos a cavalo e um grupo de músicos tocando pelas ruas de Nova Sintra.

Logo depois da viagem à terra dos seus pais, «Marty» Rose iniciou o treino, nos Estados Unidos, para ser espião e ser colocado nas ilhas de Cabo Verde. O filme e a importância geoestratégica que as ilhas tinham no Atlântico foram razões suficientes para ter sido recrutado pela OSS (a futura CIA) e deslocar-se a Nova Iorque, para receber treino sobre códigos e mensagens secretas em correspondência.

Com a entrada dos Estaods Unidos na guerra, alista-se na Força Aérea Norte-Americana. No primeiro dia da recruta, os oficiais ordenam aos que se consideram negros para darem um passo em frente. A segregação racial estendia-se a todos os ramos das forças armadas. «Marty» diz para si que se os próprios oficiais não conseguem distinguir os brancos dos negros não seria ele quem iria tomar essa decisão.

E é então que segue para a Florida, onde recebe treino como artilheiro de um *B-17*, do 8º batalhão da Força Aérea. Mário «Marty» Rose foi depois colocado numa base aérea, em Inglaterra, passando a integrar a tripulação dos bombardeiros que cruzavam os céus de França e Alemanha. Durante uma dessas missões, um caça alemão se chocou contra o seu *B-17* quando o piloto foi morto na troca de tiros. Na explosão que se seguiu, Mário Rose só teve tempo para puxar o fio do paraquedas, quando se viu no ar, antes de perder os sentidos. O piloto contou, mais tarde, que se lembrava apenas de ter acordado já no chão, rodeado por camponeses alemães, armados de forquilhas e ancinhos, e uma forte dor nos pés. Calculou que tivesse fraturado os tornozelos.

No hospital foi tratado por um médico francês, com quem conseguia se comunicar graças aos conhecimentos que tinha do português e do crioulo dos seus pais. A sua grande preocupação eram as suas pernas, já que os soldados alemães preferiam amputar os feridos, que assim eram mais fáceis de controlar e de transportar. O médico acabou por fixar-lhe os tornozelos com parafusos e cavilhas.

Durante um bombardeamento dos Aliados, e com a ajuda do médico francês, «Marty» foi levado de ambulância, juntamente a outros prisioneiros de guerra, para outra cidade. Pelo caminho, receou que os Aliados bombardeassem o comboio de ambulâncias da Cruz Vermelha, que os alemães costumavam usar para transportar material bélico.

Uma manhã, os guardas do hospital desapareceram e, ao início da tarde, viram entrar uma coluna do exército americano que os libertou.

* * *

Foi um Daddy Grace velho e cansado que, na noite de 7 de janeiro de 1960, na mansão de Berkeley Square, ao preparar-se para deitar, se sentiu indisposto. O quarto pareceu-lhe imenso.

Depois de o mordomo lhe trazer um copo com água de açúcar, o pastor sentou-se na cama e deu uma longa mirada à sua imagem no espelho. De seguida pediu-lhe que trouxesse o gravador de bobinas e dispensou-o com um gesto largo; pegou no microfone e começou a gravar o sermão «You must be born again».

No dia seguinte, Grace sofreu um ataque cardíaco e quatro dias depois estava morto, aos 80 anos. Durante o funeral, os fiéis puderam ouvir, através de alto-falantes, as suas últimas palavras, aconselhando-os, *My little bit, your little bit... we jealous, oh, bad business children!*

O seu corpo iniciou então uma última digressão no comboio *Sunset Limited*, desde Los Angeles até New Bedford, em Massachusetts. O féretro parou em cinco cidades para que os fiéis pudessem despedir-se dele.

Quando se deram estes derradeiros acontecimentos, o tio David já havia regressado definitivamente a São Nicolau, onde viria a morrer, de cancro na próstata, aos 70 anos, na sua casa do Caleijão. Como Grace, não assistiu à luta pelo poder dentro da House of Prayer nem aos processos movidos pelos familiares contra o testamento do Rei da Glória, nem à ação interposta pelo departamento de finanças norte-americano, que foi ao patrimônio da Casa da Oração Unida para Todos buscar quase 2 milhões de dólares de dívidas ao fisco, sonegados durante anos.

11

Os Rosa Dourado instalaram-se por aqui há mais de 100 anos.

Os 1.100 hectares da herdade da Quinta de Cima foram divididos em duas metades. A mais desenvolvida está nas mãos de uma companhia agrícola. A outra é alvo de uma disputa entre oito herdeiros. Subo uma colina de azinheiras em direção à herdade, e ao aproximar-me das casas vejo um velho *Renault Clio* branco descendo na minha direção. É o filho dos caseiros que tomam conta do que resta da herdade e que me cumprimenta à sua passagem.

Um pouco mais à frente, um homem de uns 70 anos conduz um trator que puxa um atrelado de cortiça sob as indicações de uma mulher. Do outro lado de um muro estão umas instalações modernas que me pareceram armazéns ou silos para cereais. Deste lado, as casas da propriedade estão completamente arruinadas, especialmente aquelas destinadas aos trabalhadores, e que formam como que uma pequena aldeia retangular. As paredes estão por terra, como se tivessem sido bombardeadas.

Percorro a parte exterior por entre patos e galinhas que saem de umas construções toscas de madeira e depois dou a volta pelas oliveiras da encosta. Daqui dá para ver como o telhado afundou, com enorme estrondo, imagino, sobre a grande varanda exterior da fachada principal. As paredes interiores do que terá sido o salão principal, onde os Rosa Dourado terão recebido os convidados ao som de talheres de prata e gramofone, estão à vista, mas as telhas e todo o madeirame parecem ainda intactos. Os dois torreões laterais da fachada, cada um com a sua janela, mantêm-se igualmente de pé. Atualmente, as cegonhas são as grandes senhoras da casa senhorial.

Apesar da decadência, a velha casa ainda se permite uma imponência aristocrática sobre o vale, com a luz vermelha da tarde sobre o amarelo-ocre dos campos formando uma moldura poética e redentora. Na distância, um homem de cabelo branco encarapinhado e ar despreocupado, com uma colher de pedreiro na mão, termina os últimos trabalhos de recuperação de uma velha escola primária. Penso nos alunos sentados nos seus bancos e na geometria da própria História que distribuiu homens e mulheres pela região e a sua ordem meticulosa que se esbate no passar dos séculos, apesar dessa aparente sensação de imobilidade.

Caminho um par de horas por entre sobreiros e pinheiros-mansos, até que avisto ao longe a Barragem de Vale de Gaio. A estrada calcetada atravessa-a até ao hotel de luxo construído na outra margem da barragem. Observo de perto os impressionantes contrafortes de pedra que formam a parede exterior, onde Joaquin Blasco terá trabalhado, no final dos anos 1940. A barragem está aos níveis mínimos. Do outro lado, é o vale que se estende, verdejante e embebido de uma plácida melancolia, mas antes uma estrada estreita desce por ali, serpenteando e desaparecendo por entre um pinhal.

***

A tarde está abafada, mas decido ver até onde leva a estrada. Para lá dos pinheiros descubro um conjunto de reservatórios de água de onde partem os canais de rega. Parecem-me mais a fonte do que um fim para qualquer viagem, pois que me atravessa uma sensação de alívio e ao mesmo tempo de aperto no coração. A última etapa da minha caminhada conduz-me à nascente que recebe a vida diretamente da barragem. Toda a nascente é poesia do regresso que se repete, a possibilidade da plenitude e a garantia de que nada será demasiado tarde. Junto à fonte está uma caminhonete *Datsun* estacionada do lado de fora da estrada, sob as árvores. Escuto o som de algo batendo na água e quando me aproximo de uma pequena falésia vejo um homem com uma vara de pesca à beira do reservatório grande. Atira duas vezes a linha para longe e minutos depois fisga um peixe que se debate à superfície, à medida que ele recolhe a linha, sem pressa. Fico ali, a observá-lo, antes de retomar, depois, a estrada de volta para Rio de Moinhos. Na manhã seguinte, como combinado, deixo a chave da casa sobre o móvel do corredor e apanho a camioneta das 7h da manhã para Grândola, onde me espera o comboio para o Algarve. A região que viu chegar os primeiros escravos negros.

VII

Chamava-lhe *bicho* e amava-o como a um filho.

Quando o meu pai adotivo se embriagava era a sua companhia preferida, chegando a passeá-lo ao colo por toda a casa. Apesar de todos lhe chamarmos cágado, não passava de uma simples tartaruga terrestre. Uma tartaruga pachorrenta como qualquer outra que durante o período de hibernação desaparecia por trás dos móveis sem que ninguém se lembrasse mais dela.

Tempos depois, um bater insistente, um som seco contra uma base de madeira, e lá estava ela entalada entre os pés do sofá ou do armário e a parede. Antes de vir para nossa casa, o bicho foi o seu fiel companheiro pelos mares do planeta, e foi o nosso longevo animal de estimação, até morrer esquecido, com as patas entaladas entre a parede e um velho sofá.

* * *

Reencontro livros antigos e lembranças difusas no meu velho quarto, em casa da minha mãe.

O ruído da chuva nas telhas, o vento assobiando na janela e um cheiro a mofo disfarçando a tristeza. Recordo histórias de amor da adolescência por entre estas quatro paredes. As estradas da vida trazem-nos uma estranha impressão de final dos tempos, como um velho selo, um soalho irregular, uma cadeira vazia.

Observo a casa escura e deserta, os móveis mudos, as plantas órfãs e os quadros em fuga pelas paredes. Como se as nossas sombras nos abandonassem, também elas, furtivas. A minha mãe arrasta-se da sala para a cozinha, do quarto para a casa de banho, como quem busca uma chave capaz de abrir a porta de um tempo de outrora. O ranger condescendente dos velhos degraus de madeira é a expressão de uma saudade antiga do mundo. Já não há ninguém à sua volta, apenas atores de telenovelas brasileiras e portuguesas.

As palavras parecem extintas por falta de uso e o telefone é o periscópio que a vai mantendo à tona.

Depois do jantar, sentamo-nos na sala e ouvimos um pouco de música das ilhas. Ela retoma velhas estórias do poial da casa de São Nicolau, sobre os homens e as mulheres que desciam o vale e ali paravam para uma caneca de água fresca e um pouco de conversa. Avançamos no tempo fazendo de conta que nada mudou, e que a qualquer momento as figuras que fizeram da nossa casa uma ilha em festa irromperão pela porta. Uma maneira sutil de desconstruir o tempo dos homens.

Os seus objetos pessoais ou meramente decorativos parecem ter ascendido a uma categoria próxima da do parentesco: uma cadeira antiga, um serviço de chá ainda por estrear, um cinzeiro de pé, um par de talheres de bordo da TAP. Como se ela pudesse, de repente, desaparecer num deles.

Logo pela manhã vou encontrá-la sentada na varanda recebendo o sol que lhe aquece as formas lânguidas. Vivemos aqui os dois, como derradeiras personagens de uma história: ela no outono do seu fôlego, eu a meio de um caminho ainda por definir. A sua rotina segue sem ensaios ou palavras, mas apesar de não ser menos apreensiva do que as outras pessoas, não permite que a tristeza transite pelos quartos ou pouse sobre a mesa.

Falamos quase sempre em português. A nossa velha língua materna já se nos descola como a pele seca de um réptil. Ela sonha com a casa de São Nicolau e com o silêncio das suas paredes, a sombra do pé de tamarindo, cujas raízes abraçam as fundações que resistem à erosão do tempo. De repente, pergunta-me pela pedra laja e lisa, onde lavávamos os pés. Penso em como, por vezes, parecemos caminhar rapidamente para o dia em que a saudade se alimentará mais da fantasia do que propriamente da memória.

Nos últimos tempos, confessa-me, tem quase sempre o mesmo sonho: no meio do mar há uma ilha, e nessa ilha há uma casa. Ao lado dessa casa, há um pé de tamarindo, e ao lado desse pé de tamarindo está enterrada uma velha mula. Subitamente, a conversa toma outro rumo, na sua forma peculiar de caminhar como uma aranha, saltando etapas entre assuntos.

Ela recorda então aquela noite em que o relógio de parede da sala marcava quase meia-noite e nem acreditou que tivesse estado a falar há duas horas. Limpou as lágrimas de uma poeira longínqua, como se um vento quente lhe sacudisse os cabelos. Ela recorda-me como tinha a boca seca, depois de relatar a sua breve história de vida, como se acabasse de chegar de uma caminhada pela planura da Ilha do Sal. Nessa noite, depois de ouvir a sua história, o homem que iria ser meu pai adotivo pegou-lhe nas mãos e disse-lhe as palavras mágicas: *caso-me contigo e ajudo-te a criar os teus filhos*. É claro que a gratidão foi sempre uma atitude na qual a minha mãe depositou toda a sua fé.

Dias depois, conta-me, entraram felizes no salão de baile, nesse Natal de 1970, numa festa crioula, em Alcântara. Ambiente luminoso e alegre. Imagino-a divertida, talvez mesmo apaixonada; a mesa farta de comida e bebida. A minha mãe dança, ri, reencontra amigos das ilhas, revelando como a paixão pela vida, por vezes, pode mesmo enganar a saudade. Bana gira do *pick-up* antes do Boas Festas de Luís Morais e o seu conjunto Voz de Cabo Verde, enquanto a nostalgia aperta os casais no salão. A minha mãe conta-me tudo isso, como esses rapazes emigrados na Holanda se esquecem, com fantástica rapidez, das temperaturas glaciais do Mar do Norte e da canícula do Golfo Pérsico. Durante aqueles dias de festa, refugiam-se na capital da metrópole, onde se sentem, por momentos, em casa; vestem blazer, gravata fina, sapatos de bico. Na manhã seguinte, embarcam em Santa Apolónia e, dias depois, dormirão por entre as vagas do Mar do Norte.

Subitamente, ela muda de cenário e evocamos tanque de água para a rega, cercado por laranjeiras e bananais, onde aproveitávamos sempre para brincar, por entre o ir e vir de lata de água e de rodilha na cabeça.

Não imagina como me arrasta consigo para esse vestiário da infância. Histórias que eu julgava já esquecidas, mas que, afinal, se acotovelam no meu subsolo, entre o sonho e a amnésia. Por vezes, é como se a minha presença acordasse nela um céu azul capaz de lhe multiplicar o passado e o seu olhar longínquo revelasse o sabor amargo do irreparável. Há quem vá mantendo a secreta esperança de não ser esquecido pelas ilhas e que a ideia do paraíso não se transforme apenas em fonte da identidade.

Certo dia, ela demora-se um pouco mais na casa de banho. Vejo como sai de lá, depois, extasiada, de lenço branco amarrado à cabeça e com o velho penico na mão direita.

Lança-me um olhar sereno e distante, ao mesmo tempo de desafio e resiliência. As pernas tremem-lhe sob o peso do corpo. Dá dois passos hesitantes, desafiando a incertitude antes de recuperar o equilíbrio. Sigo todo o desenlace da porta, em silêncio.

Está tudo bem, diz-me a sua mão levantada.

O seu olhar enxuto tira qualquer dúvida: *estou velha e cansada, mas mesmo que pareça não vou morrer ainda, vê como ainda me basto sozinha, como achas que sobrevivi todos estes anos?*

De seguida, senta-se na cama, como um gigante em repouso. Olho para as suas mãos, ossudas e nervudas, cobertas por uma pele ressequida, curtida. Passa-me pela cabeça a ideia de que aquelas não podem ser as suas mãos. Nem aquelas as veias por onde lhe passa a vida. Recuso-me a olhar para elas, a monitorizar cada fluxo.

A minha mãe dá o nome de «mal-de-barriga» a esta herança que atinge as mulheres da família e que será o suficiente para prostrá-la durante as próximas 24 horas. Quantas 24 horas mais terá? Por momentos, reflito sobre esta espécie de prova de vida que acabo de testemunhar, destinada a demonstrar que as pernas ainda aguentam, que os braços ainda têm força. A cabeça, essa então funciona lindamente e ai de quem disser o contrário. Sem levantar os olhos ela diz-me: *vou descansar um pouco, se precisar de ti, chamo-te.*

Puxa então o cobertor, deita-se com a leveza de uma folha pousando e ajeita a almofada.

Antes de sair e encostar a porta, fixo, por instantes, os seus dedos comidos pela artrite, enquanto penso naquela expressão, *mi sô*, que é como quem diz, duas vezes sozinha, acentuando ainda mais a solidão que a pessoa deseja para si. Um espaço de recolhimento que só a língua materna pode dar.

* * *

Uma tarde, vou assistir à projeção de um filme documentário realizado nos anos de 1969 e 1975, no antigo cinema do bairro.

É curioso como cada um de nós consegue preservar certas memórias da infância envolta numa espécie de película transparente, que cobre lugares e épocas preponderantes nas nossas vidas. A sua importância é crucial, independentemente do brilho que ela possa carregar. Na maior parte dos casos é o termo de uma poesia inconsciente que já nos habita. Sempre que essa remota vertigem assoma à consciência, esforçamo-nos por nos agarrarmos à reverberação deixada no ar. Tentamos reconquistar a fonte dessa enigmática substância flutuante a que chamamos memória, apesar de ninguém saber como encontrar o seu caminho no seu mapa pessoal. Sinto de imediato uma profunda proximidade com estes espectadores anônimos. Segue-se um momento de nostalgia coletiva que se desdobra como um leque sobre os nossos corações. Um sentimento de comunhão que permite que cada um de nós viva a sua própria solidão, em cada uma das fotografias do filme.

Uma feliz solidão.

As imagens são de ruas poeirentas, carroças puxadas por cavalos cruzando-se com velhos *Simcas* e *Fords Cortina*; velhos ônibus verdes, de primeiro piso, tomando passageiros nas paragens, com as suas faixas publicitárias das baterias *Tudor* e de *Cinzano*. Há também velhos ônibus suburbanos que na época percorriam o vasto campo que ainda separava as localidades saloias da capital. Placas em cimento anunciam as localidades. Uma delas envia os automobilistas diretamente para o Porto e Espanha.

Também se vêm ruas largas percorridas de bicicleta e antigos armazéns onde hoje se erguem edifícios modernos e a zona mais comercial da freguesia, com as suas agências bancárias e seguradoras. Mães atravessam a avenida principal com os filhos pelas mãos, sem recear os raros automóveis. Vendedores disputam clientes no antigo mercado de verduras, quando as compras se faziam à beira da porta.

No mercado, crianças jogam à bola sobre o sangue que corre misturado com a água de lavar o peixe. Agentes da polícia nas suas fardas cinzentas e bonés cumprimentando os cidadãos. Os ruidosos triciclos dos vendedores de fruta, estacionados pelas esquinas, o velho cauteleiro, com o seu solene chapéu, estendendo a folha com os números premiados das lotarias. O jovem ginete de boné passeando no seu cavalo branco; burros aparelhados e carroças de hortaliças, vendedores de banha da cobra, de microfone ao peito, rodeados de curiosos; mulheres carregando botijões de gás à cabeça; pessoas que saem e entram no comboio, no apeadeiro, numa imagem desbotada e de cores mortiças.

Porém, o que mais intriga é o ritmo com que a vida parece decorrer, ao longo dos mais de 30 minutos do documentário. A forte presença feminina é reflexo de uma época em que a maioria das mulheres ainda era doméstica. Podem ver-se de sacos de compras na mão, vestindo batas, escolhendo ramos de flores nas lojas, ou experimentando a textura de um tecido, mas não nas filas do cinema, como este onde me encontro, para ver, por exemplo, uma das melhores comédias da época: *O Belo, O Bruto, O Cretino*, de Giovanni Grimaldi, com Franco Franchi e Ciccio Ingrassia. Nas imagens do antigo jardim, descubro o fotógrafo e a sua velha máquina de tripé, o balde vermelho onde lavava a fotos, acabadas de tirar, e a esponja amarela. Bebês nos seus carrinhos, crianças de calções e meias brancas nos seus triciclos, casais novos, todos passam pelo obliterador da velha máquina. Revejo o velho chefe dos bombeiros no seu quartel e a ambulância *Mercedes* azul passando velozmente, ante o olhar dos curiosos. As antigas farmácias, os restaurantes, as tabernas com as pipas à porta, as lavanderias, os armazéns de mantas e atoalhados, cafés e pastelaria.

O filme é uma viagem pela natural autarcia em que se vivia, na época. A vida desenrolando-se num perímetro de algumas centenas de metros, onde reina a paz e a tranquilidade. Mas, quando se observava com mais atenção, é possível vislumbrar a apatia nas suas caras e a falta de perspectivas futuras para aquelas vidas.

* * *

Recupero, por momentos, a angústia que me provocavam aquelas famílias que viviam nos bairros de chapa e madeira, muito perto do nosso prédio.

Uma memória de tristeza e de violência. Mulheres estendendo a roupa ao sol, sobre cordas, e aquela como uma espécie de bandeira da sua humanidade. Durante as minhas vagabundagens ociosas por estes bairros de barracas, num misto de medo e de descoberta, recordo como penetrava passagens labirínticas ou em forma de túnel ou de ponte, sobre alpendres de barracas de primeiro andar. Dificilmente poderia captar outra coisa para além de sentimentos triviais e de mera curiosidade. Mas não me impedia de ser tocado pela nostalgia das ruas de terra batida, onde crianças sujas brincavam por entre cães e gatos sarnentos. No final do dia, víamos como os mais velhos atravessavam a avenida e vinham fumar, tomar café e jogar bilhar.

Numa dessas famílias, os filhos tinham nascido com uma doença congênita que os impedia de olhar em frente, de forma natural. A violência, física e verbal, estava sempre presente. Pais açoitavam os filhos com pedaços de mangueira nos quintais daquelas casas de madeira sem água canalizada ou eletricidade. Não pareciam provocar qualquer tipo de sentimento à sua volta. Ninguém se importava com o estado deplorável em que viviam. Não havia nada nem ninguém a acusar. Aqueles bairros só podiam ser espaços profundamente associados a um passado de extrema pobreza. Dificilmente se poderia relacionar os seus habitantes a um grande povo que empreendera viagens oceânicas e criara uma civilização. As crianças da minha idade estavam igualmente presas àquelas paredes de madeira e às ruas enlameadas. Sentia um irreprimível desejo de estabelecer com elas um laço de amizade, de partilhar brincadeiras e segredos; como que para provar que ao contrário do que se dizia o seu espírito não estava irremediavelmente impregnado do mal.

Aquelas pessoas habitavam a capital do império português, cujas províncias ultramarinas estavam ainda a alguma distância das independências. Tinham percursos muito semelhantes aos nossos. Faziam parte dessa massa móvel dos deserdados da vida que haviam chegado a Lisboa uma ou duas gerações antes, vindas do interior do País. Era difícil não pensar como tínhamos sido bem mais-sucedidos.

* * *

Certa manhã, quando saí para comprar pão, encontrei o ar saturado de um cheiro à madeira queimada.

Ali bem perto, encontrei uma área do tamanho de um campo de futebol completamente calcinada. Bombeiros em macacão, de capacete e quico azul na cabeça, apontavam as mangueiras para os destroços, em volta, de onde ainda saíam pequenas fumarolas. O chão era uma espessa camada de cinzas, madeira carbonizada e chapa retorcida. Outros bombeiros, com ar visivelmente cansado, fumavam e conversavam com agentes da polícia. Mantinham à distância as pessoas que observavam a operação de rescaldo e comentavam a rapidez com que o fogo se tinha propagado.

Algumas tinham seguido o crepitar da madeira devorada pelas chamas, do alto das janelas e das varandas dos prédios em volta. Os seus testemunhos atraíam as atenções daquelas que só agora, como eu, chegavam ao local da tragédia. Nas suas palavras havia um misto de gozo e incredulidade pela catástrofe. Aqueles incêndios eram temidos pelas autoridades, especialmente por causa das botijas de gás; mas eram uma fonte de atração irresistível e um espetáculo de enorme emoção para as pessoas. Os pequenos fogões, nos locais onde haviam estado as cozinhas, eram dos poucos objetos saídos «ilesos» no meio da catástrofe, À distância pareciam umas estranhas caixas brancas metálicas tombadas, aqui e ali, no chão negro, como monitores de computadores ainda por inventar.

Havia algo de assustadoramente atraente naquele cenário, mesmo para uma criança de 8 anos. O bairro ficava nas proximidades da praça do peixe. Duas paredes laterais do que havia sido uma barraca com primeiro andar mantinham-se ainda de pé, apesar de totalmente carbonizadas. Uma delas pareceu-me estar a ser amparada por um tanque de cimento de lavar a roupa. Dentro da cozinha havia alguns bancos de madeira e uma mesa de metal, tachos e panelas que continuavam pendurados em pregos.

Ali ao lado havia uma pequena cisterna de água e dois garrafões, como se nada tivesse acontecido. Algumas casas que tinham sido poupadas pelo fogo formavam uma espécie de muralha de madeira em volta da zona ardida. A poucos metros haviam sido depositados fogões, cômodas de madeira, cadeiras, fotografias emolduradas, bancos, gavetas cheias de roupas, tapetes, cobertores e outros tecidos.

Logo que os bombeiros e a polícia se retiraram do local, as pessoas que assistiam aproximaram-se e começaram a remexer com os pés nos destroços. Alguém disse que uma das vítimas era um surdo-mudo que ficara preso pelas chamas dentro do quarto. Outras diziam, em voz baixa, que uma das famílias guardava o dinheiro num cofre de metal e que aquele deveria estar ainda por ali, debaixo dos escombros.

Dei a volta pelo que restava do bairro e pelo caminho toda a gente falava do espetáculo que fora a chegada dos carros dos bombeiros e o impacto da luminosidade e das fagulhas na noite escura. Do outro lado da linha do comboio, logo depois da ponte de pedra, famílias inteiras aguardavam sentadas, ao lado de cadeiras empilhadas sobre mesas de madeira, colchões enrolados, divãs de alumínio fechados, malas, cestos de vime, almofadas, panelas, alguidares, fogões, casacos. Outras pessoas continuavam a chegar trazendo consigo mais objetos, que depois colocavam ali pelo chão.

Três homens passaram por mim com um pesado armário às costas e uma senhora idosa estava sentada numa mesa-de-cabeceira, com um bebê ao colo, junto de um espelho de parede que refletia toda a operação. A mulher emanava uma estranha serenidade, como se incêndios e outras desgraças fossem já uma componente inseparável da sua vida. Dois meninos e uma menina sardenta brincavam por entre os colchões, caixotes e garrafões de vinho.

Ali por perto estavam ainda duas bilhas de gás de alumínio, um triciclo de criança e uma cama de madeira repleta de roupas. Deviam pertencer a uma mulher que estava a chorar e a limpar o nariz com um lenço. Um homem de chapéu preto puxava-a para si e abraçava-a.

Era a primeira vez que eu via um cenário daqueles. As pessoas observavam os desalojados, num silêncio compassivo, cortado aqui e ali por breves murmúrios. Eu não tinha a menor ideia do que lhes iria acontecer. A maior parte teria, naturalmente, familiares nalgum sítio. Era apenas uma questão de tempo até virem buscá-los. A qualquer momento chegariam num caminhão para recolher as suas coisas. Alegrei-me com esse pensamento.

Nunca mais voltei a ver essas pessoas e nunca mais vi as crianças que elas tinham ao colo ou que brincavam por entre os seus pertences. As poucas barracas que se salvaram do incêndio desapareceram pouco tempo depois. O local tornou-se um lugar vazio, abandonado, onde passaram a montar trailers, os carrinhos de choque e a tenda do circo pelo Natal. E durante muito tempo, sempre que ia ver os leões nas suas jaulas, não conseguia deixar de pensar no surdo-mudo encurralado pelas chamas no seu quarto.

* * *

Os bairros de barracas eram como chagas urbanas e os seus habitantes uma versão lusa de *Feios, Sujos e Malvados* de Ettore Scola.

Refletiam o histórico desequilíbrio, a profunda injustiça social, o laxismo das autoridades e uma mentalidade que na época olhava para aqueles arrabaldes com indisfarçável desprezo. Os bairros cresciam sobretudo nos baldios dos subúrbios onde passava uma estrada, para maior facilidade nas deslocações. Nas suas encostas cresciam igualmente figueiras-bravas e podia-se admirar o efeito da luz nas águas do Tejo. Estavam separados entre si por lugares desertos, ermos esquecidos que iriam desaparecer sob os alicerces dos bairros novos que aí vinham.

Foi por estes subúrbios da cidade, onde se podia escutar o canto dos pássaros, que me apaixonei.

Recordo como saíamos em grupo para apanhar caracóis, logo depois das chuvas, ou procurar ninhos de pássaros.

Fascinava-me a beleza das ruínas das casas, cobertas por trepadeiras e musgo. Portões de ferro enferrujado fingiam proteger velhas árvores de fruto e telhados roídos pelo tempo. À fantasia da descoberta, juntavam-se histórias de moradores e dos seus esqueletos enterrados junto a muros cobertos de hera. Por vezes, havia um velho caminho por entre a erva que levava a esses escombros. Locais que terão sido utilizados para guardar mercadorias ou animais. Sacadas e telhados que ruiriam, muito provavelmente, no próximo inverno. Aquela parte da cidade que ainda era campo, ou aquele campo que já se ia urbanizando, tinha começado a substituir no meu subconsciente a paisagem rural da Ilha de São Nicolau.

De Sacavém à Amadora, descendo em direção ao Tejo, até Algés, os moradores tinham moldado a região com as suas memórias e os seus costumes. Em freguesias como Carnide, Benfica, Charneca, Cruz Vermelha, Vale do Forno, Lumiar, Odivelas, Quinta do Louro, Galinheiras e Ameixoeira abriram açougues, cafés, casas de pasto e barbearias. Aconteceu muito antes de chegarmos com a nossa música, o nosso trabalho e a nossa comida. Éramos como dois povos descolonizados — um pelo fim do império e outro pelo fim da ditadura — que tinham passado a habitar os campos e as quintas que restavam das antigas terras do Termo de Lisboa.

É uma das imagens mais antigas destes subúrbios.

Um velho casario na atual zona dos Olivais, pontuado por uma igreja.

Ao fundo, vê-se a baía formada pelo rio Tejo, junto a Sacavém. Há uma invejável harmonia entre o casario, a mulher e o menino à sombra da árvore, e o pitoresco do arvoredo e do campo selvagem da época. A linha melódica com que a terra bordeja o rio é reveladora do estado inicial desta relação terra-rio. Os cabeços são apresentados cobertos de arbustos e separando quintas e hortejos, numa beleza aleatória, capaz de emocionar qualquer amante da natureza.

Em 1787, William Beckford tomou nota, maravilhado, dos jardins de uma quinta que visitara em «Bemfica». O ornamento nas paredes — missangas brilhantes e pratos de porcelana chinesa encrustados — «ofuscavam» em beleza e requinte as estátuas, a sinuosidade dos ribeiros e os ermitérios poeirentos das «villas» inglesas de Clapham e Islington. Já noutra quinta, desta vez em Marvila, o inglês admirou-se com a antiguidade das árvores e o seu aspecto fantasmagórico, cuja sombra se estendia sobre velhos fontanários e estátuas mutiladas representando heróis nas suas armaduras. A passagem do tempo estava marcada em tons verde, amarelo e púrpura. Por entre o matagal, escreveu o viajante, emergem aqui e ali estranhas construções em pedra, em forma de pirâmide, rodeadas por simbólicos e encantadores leões esculpidos em mármore. *Fizemos parte do caminho de regresso à casa sob a luz serena da lua cheia subindo por detrás dos montes na margem oposta ao Tejo, a pouco mais de nove milhas deste extremo da cidade.*

Mas o impacto maior é revelado pelas fotografias aéreas dos anos 1940, feitas a partir dos primeiros voos comerciais, nas proximidades do aeroporto da Portela e pelos *clippers* da PANAM que descolavam nas águas do Tejo. Para além dos pequenos núcleos populacionais toda a região é exposta a nu, a preto e branco. São visíveis as linhas das estradas de terra cruzando terrenos agrícolas, velhas quintas, casas senhoriais e campos de olivais. Extensos campos de olivais.

Os muros das azinhagas eram férteis em pequenos fósseis e animais, como lagartos, osgas, aranhas e lagartixas. Mas era sobretudo a sua perenidade que exercia sobre mim uma grande atração. Escalar e sentar-me no cimo de um deles era descobrir um novo mundo. Do outro lado estavam pomares, tanques de rega, casas enormes apalaçadas, jardins e vistas magníficas. Ali ainda havia caseiros que viviam do que a terra produzia, mesmo com os prédios das novas urbanizações avançando rapidamente. Durante muito tempo as azinhagas foram a forma mais rápida de acesso entre algumas localidades.

Caminhar por uma azinhaga não era o mesmo que caminhar por uma estrada asfaltada. O som da terra pisada, o ruído dos pássaros ou do vento nas oliveiras dos campos do lado de lá dos muros. Podia sentir-se o aroma das amoras silvestres e da vegetação por entre as figueiras. Passava-se por portões de propriedades privadas onde eram visíveis a lenta erosão do tempo e os sinais da desaparição que iria ocorrer. De inverno, quando baixava o nevoeiro, reinava um sentimento de mistério e melancolia.

* * *

O Bairro do Alto de Santa Catarina, nas imediações de Algés, tinha uma vista esplêndida sobre o estuário do Tejo. Do dia para a noite, o labor de pedreiros e carpinteiros oriundos do planalto de Santa Catarina, na Ilha de Santiago (daí o nome), tinha erguido o bairro. Levantaram-se paredes, telharam-se as casas e cimentaram-se os caminhos de acesso. Construiram--se, acima de tudo, muitos cafés, onde os homens, quase todos operários da construção civil, descansavam de uma semana de trabalho.

Aos domingos, os habitantes recebiam visitas de amigos e familiares. Organizavam-se almoços coletivos. Tinham vivido no campo desde tempos imemoriais, longe das grandes cidades. Uma vida feita de serenidade e respeito pelos mais velhos. A nova condição de emigrantes obrigava-os a uma autossuficiência diferente, a uma nova forma de viver. O bairro cresceu como uma ilha de madeira, tijolos e zinco, no alto de uma colina deserta, de onde se avistava o estuário do Tejo e o Atlântico. Quando penso nisso, vem-me a imagem daquela felicidade coletiva nos seus rostos. Tinham sido capazes de reconstruir um pedaço da sua terra numa nova cidade, o que por si só não era de menosprezar. Podiam recordar parentes e amigos olhando o Atlântico enquanto plantavam pequenas hortas em volta das barracas.

Era um bairro em tudo igual a qualquer outro das ilhas, sem saneamento e onde as fossas corriam a céu aberto. A energia era puxada de postes de eletricidade mais próximos, e, no silêncio da noite, os homens embebedavam-se e batiam nas mulheres. Por vezes, esfaqueavam-se entre eles nas noites de sábado, mas durante o dia a violência noturna era diluída no trabalho árduo dos andaimes, e muitas vezes perguntei-me se o bairro não seria mais do que uma ilusão coletiva. De vez em quando, um representante dos proprietários do terreno aparecia por ali, como que relembrando-os do lado real das coisas, que eles não estavam isentos das leis. Mas era visível a atração que aquela recriação das ilhas exercia sobre todos e a forma como eles pareciam viver aquela fantasia.

A estrada militar foi construída no final do século XIX para a defesa de Lisboa.

No início dos anos 1970 do século XX foi conquistada pelos cabo-verdianos.

Contornando o Bairro do Alto da Cova da Moura, passa-se pela Buraca e a Damaia, até chegar ao que resta do Bairro de 6 de Maio, considerado como muito problemático pela polícia. A maior parte das pessoas, as que têm direito ao realojamento nos bairros sociais, aguarda a sua vez à porta dos bares ou deambula por ali como espectros. O bairro é caótico na sua construção e nos materiais utilizados. A pobreza é mais do que notória. Ao longo da via-férrea, no sentido Damaia-Reboleira, algumas casas já foram abandonadas pelos moradores clandestinos, deixando atrás de si lixo, materiais abandonados e pedaços de madeira. A estrada passa depois pelas Portas de Benfica onde em tempos existiu outro bairro.

A magnífica e novel rotunda, com o castelo rosa ao centro, lembra uma outra cidade qualquer. Perto do Bairro de Padre Cruz há vestígios de obras recentes e mais duas estradas novas, com trabalhos ainda por concluir. Máquinas e trabalhadores aplainam o terreno. Descendo em direção à Pontinha, para trás fica a rotunda de Alfornelos, mas aqui já não há qualquer sinal da velha estrada. A partir daqui, entra-se na nova versão da Estrada Militar: mais larga e com muito mais tráfego, que circula pelo norte de Lisboa. Passa-se pela empresa de reciclagem de resíduos domésticos. Continuando a descer pelo meio do campo avistam-se alguns bairros sociais, o Lumiar, a Calçada de Carriche e entra-se, finalmente, na Alameda das Linhas de Torres. A estrada continua para Fetais. Aqui encontram-se as marcas visíveis do que terá sido a *ocupação efetiva* dos terrenos ao longo dos anos.

Outrora clandestinas, as casas dos imigrantes estendem-se ao longo da berma e nos terrenos em volta. Alguns moradores sobem e descem a pé, talvez em direção à paragem do ônibus. Muitas estão desocupadas, mas mantém-se no local. Algumas estão cortadas ao meio, como uma fatia de bolo ou esventradas, como se tivessem sido atingidas por um míssil.

As salas e as cozinhas estão à mostra e os azulejos ainda na parede, numa espécie de privacidade violentada. Há casas separadas por terreno baldio, com ervas altas e restos de paredes tombadas cobertas de pneus, pedaços de automóveis e eletrodomésticos calcinados. Noutros locais, no lugar das casas já só existe o chão de cimento e tijoleira, muito lixo e entulho despejado. Outras, provavelmente ainda habitadas, exibem grades nas janelas, antenas parabólicas e caixilhos de alumínio nas portas e nas janelas.

Com o surgimento dos aviões, na Primeira Guerra Mundial, a Estrada Militar perdeu por completo a sua função. Durante os anos 1960, começou a sair do domínio do Ministério da Defesa passando para o domínio público. Lentamente, as velhas casas e os terrenos foram-se transformando em terra de ninguém. As famílias cabo-verdianas chegaram e construíram as suas casas abarracadas nos terrenos anteriormente afeitos aos militares. Na altura ninguém os incomodou ou imaginou mesmo sequer que existissem.

Nestas zonas remotas, longe do centro da cidade, ainda reinava uma paz campestre e muita desordem administrativa e urbana. Deitaram mãos à obra e começaram a cultivar os terrenos baldios. A partir do início dos anos 1970, os bairros foram crescendo acompanhando a sinuosidade da velha estrada.

Já nos limites do concelho de Loures, encontra-se o que resta da Estrada Militar original. O chão é de gravilha, num piso difícil para um automóvel. Este troço da estrada parece não ter outra serventia para além de vazadouro de entulho longe do olhar das autoridades. A estrada dá lugar a uma mancha branca, estreita e agreste, que resiste com dificuldade ao mato selvagem que a ameaça de ambos os lados.

Chega-se, finalmente, a Camarate. No bairro semiabandonado do Talude, os últimos representantes originais do início da *ocupação* aquecem as horas mortas ao sol sob os alpendres das casas. Apesar do barulho ensurdecedor dos aviões, desfruta-se aqui de uma vista privilegiada sobre a Ponte Vasco da Gama, com o rio Tejo e o Parque das Nações ao fundo. Mas isso não parece ter qualquer interesse para eles.

12

É num doce torpor provocado pelo balanço da carruagem sobre os trilhos que me deixo deslizar, no comboio para Faro. Mas eis que minutos depois sou acordado por vozes que me levam de regresso à minha infância. Viro-me e vejo que no banco de trás duas mulheres falam em crioulo sobre coisas triviais, como o casamento da filha de uma amiga, convidados e arranjos de flores, igreja, transporte e despesas a pagar. Um menino e uma menina de cabelos louros e olhos azuis estão sentados na frente de um casal, provavelmente os seus pais. As mulheres respondem aos anjos encantados, em holandês, esta língua de erres guturais de Rembrandt e Vermeer. São duas mestiças, talvez nos seus 50 anos, emigrantes em férias com os seus patrões. Os meninos conversam com os pais e olham a paisagem algarvia, através do vidro da janela. A cena faz-me pensar noutros cabo-verdianos emigrados na Holanda, e lembrar-me de que foi graças aos florins holandeses que a paisagem do Vale da Ribeira Brava se transformou, com as novas casas de terraço e primeiro andar, construídas pelos emigrantes.

As duas mulheres não terão mais do que a antiga 4.ª classe. E é curioso e intrigante o seu domínio desta língua, de matriz germânica, que lhes proporcionou um emprego de confiança, um ganho e um avanço extraordinários nas suas vidas.

* * *

Para Jacobus Capitein, a língua foi também fundamental para que passasse da condição de escravo a clérigo *predikant* respeitado.

Mas ao contrário do que se podia esperar, o domínio da língua holandesa e do latim iriam permitir a este africano redigir e defender uma tese que ainda hoje deixa muita gente perplexa. De fato, é difícil compreender o que leva um homem a dedicar os seus poucos anos de vida — Capitein morreu aos 30 anos — a provar que a escravidão dos seus irmãos negros era *perfeitamente compatível com os valores e os princípios da fé cristã, e, portanto, legítima aos olhos de Deus.*

O motivo que o terá levado a reunir argumentos filosófico-teológicos, baseados nas antigas escrituras, só ele poderia ter explicado, não tivesse morrido ainda jovem.

Jacobus Elisa Johannes Capitein nasceu em 1717, na atual região do Gana, não muito longe da costa, na época batizada pelos portugueses como a Costa do Ouro. Mas na altura em que este órfão de 7 anos foi comprado à sua família pelo capitão holandês Arnold Steenhard, o forte português de São Jorge da Mina passara há muito para as mãos dos holandeses, que lhe chamaram Castelo de Elmina ou simplesmente Elmina.

Steenhard ignorou o nome africano da criança e passou a chamar-lhe *Capitein*. E sem saber muito bem o que fazer com ela, vendeu-a a Jacob van Goch, outro holandês ao serviço da Companhia das Índias Ocidentais Holandesas, que rumou a Middelburg, no estado holandês da Zelândia, mudando para sempre o destino do jovem africano. Capitein tornou-se de imediato uma pessoa livre, graças a uma lei que proibia a escravatura no país. Van Goch levou-o consigo para Haia, e nos primeiros anos o jovem dedicou-se a aprender a língua holandesa e os rudimentos de pintura, iniciando-se igualmente no catecismo.

O seu espírito vivo torná-lo-ia mais do que uma simples curiosidade nas aulas. O filho do teólogo Henrik Valse, com quem rapidamente desenvolveu uma profunda amizade, convence o pai a financiar o resto dos estudos de Capitein na condição de este mais tarde vir a dedicar-se à ação missionária em África. Para além do apoio moral e financeiro do seu antigo dono, Capitein consegue também atrair as atenções de F. C. Roscam, aristocrata e professora de línguas clássicas, e do prestigiado jurista Peter Cunaeus.

Estas relações privilegiadas permitem-lhe matricular-se na Escola Latina de Haia e mais tarde prosseguir os estudos de Teologia na Universidade de Leiden.

Aos 18 anos, Jacobus Capitein vive um dos momentos mais importantes da sua vida ao ser batizado, em Kloosterkerk, pela mão do seu antigo professor da catequese e na presença das três pessoas que mais amava: Jacobus, Johannes e Elisa, cujos nomes ele adota, ali mesmo, como sinal da sua enorme gratidão: Jacobus van Goch, Elizabeth, irmã de Van Goch, que ele considera uma verdadeira mãe, e Johanna Mulder, a sobrinha de Van Goch, sua amiga íntima. A 10 de março de 1742, uma assembleia de professores e notáveis da Universidade de Leiden aplaude o africano de pé depois de este expor num fino e irrepreensível latim a tese, *De servitude, libertati christianae non contraria,* ou *niet strydig tegen de christelyke vryheid,* respondendo à pergunta: «Será a escravatura compatível ou não com a liberdade cristã?»

Ordenado pastor, a Igreja Reformada Holandesa dá-lhe luz verde para a viagem missionária a África.

O jovem pastor africano embarca ao serviço da Companhia das Índias Ocidentais Holandesas, sonhando com o clima de festa e aclamação à sua volta no dia da chegada. Combate o enjoo de semanas no mar lendo e relendo para a tripulação passagens da sua tese, entretanto publicada em Leiden — um pequeno *best-seller* para a época, com tradução para o holandês e um total de quatro edições, durante esse mesmo ano.

É possível imaginar o orgulho que ia na alma do jovem clérigo, aos 25 anos, através dos três retratos que mandou reproduzir nas capas e contra-capa da edição da sua *opus*. Fica-se com uma ideia de como Capitein se via: um escravo negro que ascendera à condição de homem da boa sociedade e um promissor clérigo. Nos seus retratos, Jacobus Capitein, de longa cabeleira setecentista e envergando a toga grave de missionário, aponta o indicador de forma professoral para uma Bíblia aberta ou surge segurando-a na mão. Noutro, vê-se o *predikant* diante de uma biblioteca envolvido na singularidade de uma moldura oval.

No seu retrato mais perfeito, o *Africaansche Moor*, leva, piedosamente, a mão direita ao peito enquanto a esquerda, sobre uma página da Bíblia, parece dizer a todos: *olhai, contemplai, vede aqui a minha inequívoca predestinação*. A pose pia do jovem clérigo não esconde o amante dos prazeres da boa mesa nas formas abastadas envolvidas pela túnica escura. As faces redondas e o jovial queixo duplo dão-lhe um inequívoco ar bonacheirão.

Analisando bem, qualquer dos retratos de Jacobus Capitein deveria causar sensação à primeira vista pela sua originalidade e o rigor das suas vestes e aspecto extraordinário. Como se dissesse: vejam aqui um homem africano como todos os outros, de pele escura, nariz achatado e lábios grossos, é verdade, mas que por razões ponderosas de um destino maior escapa ao habitual retrato dos criados negros, esses sim, metidos pelos mestres da arte europeia nessas poses mais ou menos caricaturais e decorativas.

Este africano, admirado e respeitado pelos seus pares, escreve longos poemas num erudito e elaborado latim. Prova maior de intelectualidade, neste tempo, não há, para além da capacidade missionária já antes revelada num primeiro escrito, *de vocationem ethnicorum*, que não era mais do que *o chamamento dos pagãos*. Trata-se, para Capitein, do primeiro passo no processo de conversão daqueles povos perdidos nas trevas. Anos mais tarde, referir-se-á a *essa magnífica tarefa colocada sobre mim de um dia poder vir a ser útil ao meu povo.*

* * *

Mas é aqui que bate o ponto, pois, segundo o próprio Capitein, o povo não deveria confundir liberdade espiritual com liberdade física. A coexistência entre a fé cristã e a escravatura, defende o jovem *predikant* negro, em nada punha em causa a ordem moral das coisas nem feria qualquer sentido de valor humano, nem mesmo a aparente contradição entre seres humanos e propriedade.

Capitein vê na ambiguidade do Novo e do Velho Testamento *vis a vis* ao tema da escravidão um «vazio moral/legal» que de imediato o convida a estabelecer a sua tese, ignorando de propósito passagens como a que refere, por exemplo, o sofrimento de Cristo como sendo digno do de um escravo.

A base da sua argumentação assenta na ideia do pecado original cujas raízes remontam aos primeiros cristãos. Para muitos protestantes defensores da escravatura a liberdade era vista como indigna à luz do pecado original e esta relação entre as duas coisas iria perdurar pelo século XVIII, até às primeiras ideias antiescravatura reveladas pelos Quakers.

A ideia da tese final de Capitein começa a ser urdida ainda nos seus primeiros trabalhos, que não sobreviverão à História. Resta apenas a súmula de *vocationem ethnicorum* que acompanhou a sua tese maior. Para Capitein, tudo começou na maldição lançada por Noé sobre o filho de Caim, Canaã, uma história que recua ao profeta Moisés, no Livro do Gênesis, numa das passagens mais notáveis sobre os princípios do mundo. Ao ter encontrado o pai deitado no chão nu e embriagado e feito troça dele, Caim provocou a ira e a maldição lançada por Noé sobre o seu filho Canaã e seus descendentes, obrigando os povos africanos a carregar a marca daquela punição perpétua.

Mas esta conversão ao Cristianismo, o batismo do escravo, defende Capitein, não o libertava de maneira alguma da sua condição inicial. O espírito e o corpo, explicou, deviam ser vistos como duas coisas separadas entre si. E concretiza: há a escravidão da consciência ou do pecado e a escravidão civil; a lei divina e a lei dos homens, a liberdade do espírito e a liberdade física.

Jacobus Capitein ocupa grande parte do tempo da viagem pela costa com leituras da Bíblia e preparando os primeiros sermões que iria proferir em terras africanas.

O balanço do navio e a forte maresia avivam-lhe as primeiras lembranças da chegada ao Porto da Zelândia, o primeiro vislumbre da Europa que ficara registado num longo poema de amor dedicado à cidade de Haia.

O seu amigo Brandijne Rijser dedicou-lhe também umas estrofes em sua honra, na véspera da sua partida: *Gente, contemplai este africano: a sua pele é negra mas a alma é branca, e o próprio Jesus ora por ele. Ele há de ensinar os africanos sobre os mistérios da fé, a esperança e a caridade, e com ele, esses africanos, uma vez civilizados, honrarão para sempre o Cordeiro.*

Jacobus Capitein recorda os longos passeios nos prados floridos na companhia de Johanna Mulder, e como a pele cor de leite e macia da holandesa contrastava furiosamente com a sua. Recorda também a perplexidade que a amizade entre ambos, analisada à luz desse ancestral código das tonalidades epidérmicas, que separava o bem do mal, causava a estranhos e como tudo isso os divertia imenso. Mas ele é um jovem africano precoce nas línguas antigas e no domínio das Escrituras, que memorizou as primeiras passagens bíblicas em hebreu do Canto de Salomão, na boca da noiva suplicante: «Sou negra e bela, ó filhas de Jerusalém!», *nigra sum sed formosa*, muito antes da negritude e a beleza se terem tornado irremediavelmente adversários e da primeira se confundir com a cor do mal e do pecado e de ele próprio ser visto a seu lado como uma mancha ou sombra que procurava em vão escapar à sua funesta condição.

Jacobus Capitein vislumbrou uma centelha de esperança quando se tornou confidente de Johanna Mulder. E o pensamento recorrente que o assaltava nesses momentos a dois, sob a clara manhã primaveril — e que ele combatia ferozmente —, deixava agora florir como uma doce fantasia que merecia ser vivida, ali no meio do oceano. Um refrigério para a companhia daqueles homens rudes e ignorantes. O amor era o lago vasto e profundo para onde ambos poderiam ter deslizado. O africano recorda tudo isto, num misto de pudor e encanto, como quem evocava, lascivamente, o perfume dos cabelos de uma irmã.

Capitein adormece ao balanço do mar, interrogando-se antes se lhe eram permitidos pensamentos quase incestuosos e se a providência lhe teria permitido ir tão longe.

* * *

No primeiro sermão proferido em terra africana, o jovem clérigo apresenta-se aos 107 empregados da Companhia como *a luz que brilha a partir da escuridão*. A sua missão é dupla: elevar a moral dos holandeses e converter os africanos ao Cristianismo. O Castelo de Elmina é o mais importante entreposto de escravos em toda a costa ocidental africana. Construído pelos portugueses numa posição vantajosa, o acesso faz-se unicamente através de pontes suspensas que, uma vez recolhidas, impedem qualquer um de entrar ou sair. No pátio principal todos os alojamentos do piso térreo, úmidos e permanentemente envolvidos numa penumbra — que haviam servido de armazém de mercadorias dos portugueses —, foram transformados pelos holandeses em calabouços para os escravos. Outros dois estão reservados para os soldados castigados e para os escravos fujões ou subversivos, cujos corpos são posteriormente recolhidos e lançados ao mar como exemplo para os restantes.

No final da fila dos calabouços fica a Porta sem Retorno: um estreito corredor que permite apenas a passagem de um homem de cada vez, e que leva aos batéis que posteriormente os embarcam nos navios negreiros que aguardam ao largo. Sobre os calabouços, no 1º andar, ficam os alojamentos dos soldados de serviço no Castelo, o dos comerciantes e onde Capitein tem os seus aposentos. Um pouco mais para a esquerda encontram-se os aposentos do vice-governador. No piso superior fica o do governador do Castelo e responsável máximo pela Companhia, na Costa do Ouro.

Elmina pode albergar cerca de 1.000 escravos nos seus calabouços.

No 1° andar da antiga igreja portuguesa, situada a meio do pátio principal, fica a messe dos oficiais e no piso térreo existe um espaço para leilão e venda de escravos. Os calabouços das mulheres ficam no pátio pequeno, ao lado do paiol do Castelo, e chegam a conter cerca de 400 mulheres. Estas têm uma importância especial para os soldados, comerciantes e outros ocupantes sazonais do Castelo, que nesta altura chegam a passar vários anos longe das suas mulheres.

Mas ao governador basta assomar-se à varanda dos seus aposentos e dar a ordem e de imediato as escravas são retiradas das celas e reunidas no pátio, sob o seu olhar. Depois de apontar a sua escolhida, os soldados dão banho à jovem eleita, através da cisterna do pátio, e algo para comer antes de lhe indicarem a escada de acesso privado ao quarto do governador.

Depois de usada e dispensada, é comum os soldados fazerem fila, chegando cada uma das ex-escolhidas a ser violada por vários homens, até ser atirada de novo para os calabouços.

* * *

No seu primeiro sermão Capitein quis mostrar que o escravo que tinha sido levado dali 15 anos antes desaparecera para sempre.

Mas o que os seus irmãos africanos veem desembarcar é um pastor holandês gordo e com tiques europeus. Capitein decide que a missão não vai ser travada pelas primeiras resistências. A situação exige uma prova maior de boa vontade que possa abrir os corações daqueles pagãos. Nas cartas trocadas entre Capitein, a Companhia e os *Classis* de Amesterdã, que controlavam a Igreja, está o pedido de autorização de Jacobus Capitein para se casar com uma jovem africana local, *para conseguir conquistar o afeto e a confiança dos negros aqui em Elmina.*

E assim começam os problemas com os seus superiores de Amesterdã.

Antes de se casar, a jovem precisava ser batizada e este sacramento, assim como o catecismo, não podiam ser dados pelo futuro marido. Para complicar mais as coisas, os pais da noiva recusam autorizá-la a viajar para a Holanda para aí ter instrução cristã. A solução é encontrada pela Companhia que convence uma jovem holandesa, Antonia Ginderdros, disponível e suficientemente aventureira para aceitar as contrapartidas financeiras e a embarca no primeiro navio com destino a Elmina.

Jacobus Capitein não é sequer consultado.

Do casal Antonia Ginderdros e Jacobus Capitein sabe-se apenas que terão casado a 3 de outubro de 1745, no primeiro casamento celebrado entre *europeus* em Elmina. As cartas que se seguem a esta data indicam um crescente divórcio entre o *predikant*, a Companhia e os *Classis*, com estas altas autoridades a ignorarem sucessivos pedidos de ajuda por parte de Capitein. Por outro lado, as relações entre o pastor negro e os holandeses do comércio de escravos local vão de mal a pior, desde que Capitein falou abertamente contra os *atos extraconjugais* cometidos por estes e que não paravam de encher o Forte de Elmina de crianças mulatas.

A deterioração das suas relações com os seus superiores só contribui para acelerar a reafricanização de Capitein. E é assim que ele descobre uma nova frente na sua missão.

A tarefa de evangelizar as crianças africanas tinha-lhe colocado desde o início muitos problemas de ordem prática e teológica. No tempo que passa em Elmina, Jacobus Capitein recupera algum conhecimento da língua fante, um dialeto local da língua akan, pertencente à estirpe da família nigero-congolês. Com a ajuda de um velho e instruído africano do Castelo de Elmina, o pastor inicia a tradução dos Dez Mandamentos, da Oração ao Senhor e dos Doze Artigos da Fé para a língua fante.

Depois de publicada em Leiden, na Holanda, recebe uma carta dos *Classis* de Amesterdã em que estes expressam primeiro a sua total desaprovação e de seguida o profundo descontentamento por não terem sido consultados antes. Deixavam bem claro as diferenças doutrinais entre eles e o *predikant*. No prefácio, Capitein não esconde que a tradução não é perfeita, mas acredita que com o passar do tempo esta pode melhorar.

Conceitos e ideias como *eternidade* e *vida eterna*, ou *santo*, não tinham correspondente em língua fante. Na Oração do Senhor, o Pai Nosso é substituído por *Pai de Todos Nós*, e nos Dez Mandamentos a referência ao burro no texto original é substituída pelo mais familiar cavalo.

Capitein mergulha na sua nova tarefa de evangelização através da língua materna dos africanos à revelia da Companhia e da Igreja Holandesa. Estas vão esquecendo-o e ignorando ostensivamente todos os seus pedidos de ajuda. Fazem orelhas moucas aos seus desabafos de tristeza e abandono, como ele expressou abertamente numa carta de maio de 1746, um ano antes da sua morte.

Por esta altura, o *predikant* caído em desgraça ressente-se da sua saúde e já só encontra algum conforto no vinho que o ajuda a esquecer a humilhação e o abandono.

Jacobus Capitein vive os seus últimos dias atolado em dívidas, como regista a sua última correspondência com os seus superiores. Testemunhas da época dão conta de que terá trocado a paixão e o zelo pela missão evangelizadora por um negócio local bem mais lucrativo e que estava em alta por essa altura. Jacobus Elisa Johannes Capitein, o *predikant* negro europeu, morreu a 1 de fevereiro de 1747, não se sabendo as causas da sua morte nem o local da sua sepultura.

VIII

O meu pai adotivo morreu sem dar conta de que morria (sonho amplamente almejado, bem entendido).

O momento definitivo apanhou-o completamente anestesiado pela quantidade de álcool que ingeriu nessa noite. Ironia do destino para um homem habituado aos rigores do inverno do norte da Europa.

Apanho o cacilheiro para a Margem Sul e vou encontrar-me com um antigo marinheiro que o conheceu como a um irmão. Durante a curta travessia do Tejo, tento colocar os meus pensamentos em ordem. Para compreender e decifrar a vida do homem que durante quatro décadas tentou ser meu pai é preciso ir mais além das minhas memórias pessoais.

Recordo-me dos comentários dos nossos tios sobre as mulheres bonitas dos clubes noturnos dessas cidades portuárias. Guardavam fotografias dessas musas orientais e eu dava por mim a imaginá-las nos seus saltos altos martelando secamente o passeio, sorridentes e deslumbrantemente disponíveis. Eram marinheiros afortunados, marinheiros de todo o mundo: brancos, louros, latinos, negros, asiáticos, muitos filipinos, que observavam, espantados, aquela explosão de vida, lá onde o sol nascia primeiro que tudo.

Os meus tios contavam histórias de restaurantes profusamente iluminados, onde se aprendia a viver como quem penetrava numa outra dimensão. As cidades do Extremo Oriente tratavam generosamente todos os que desembarcavam nos seus portos e respiravam o ar tragado de um prazer rápido, exótico e barato.

Hello, baby, looking for a good time?

Os marinheiros olhavam, fascinados, com aquela promessa de amor de uma latitude desconhecida e em volta ouvia-se sirenes de ambulância e da polícia e sentiam o vento noturno soprando por entre o néon das ruas, trazendo o aroma de comida rápida e picante. Alguns ainda teriam restos de óleo e detergente dentro das unhas, que o chuveiro da cabina do barco não conseguira eliminar totalmente. As roupas colavam-se-lhes ao corpo pouco habituadas à elevada umidade relativa do ar.

Eu pensava que a verdadeira vida só podia estar ali, por entre aquelas luzes que feriam o negrume da noite, e nas conversas numa língua rápida e misteriosa. As mulheres de cara de boneca sopravam-lhes palavras sugestivas que ecoavam nos seus ouvidos por muitos meses de mar, enquanto viajavam pelo mundo naqueles cargueiros e petroleiros que ampliavam a riqueza das nações. Numa das fotos do álbum, o meu pai adotivo surge impecavelmente vestido com uma camisa de um bege brilhante, de punhos dourados, rodeado de outros marinheiros estrangeiros.

Era um rapaz enérgico e casmurro da Ribeira Bote que atravessara oceanos e vira mais mundo do que a maior parte dos homens do seu tempo. Todos faziam o que se lhes pedia: experienciar a verdadeira vida, apesar da sua extrema fragilidade. E ao sol ou à chuva, nunca se sentirão mais jovens e mais cheios de esperança. Alguns tinham ali nos portos de Kobe, Yokohama, Fukushima, Singapura, Port Klang, Xangai, Yangzhou, Hong Kong, naqueles vinte e poucos anos frenéticos, provavelmente algumas das maiores revelações das suas vidas. O tempo não sobrava para meditarem sequer sobre a morte. Por isso, deixavam-se ir nessa onda permanente do fluxo da existência humana, a imensa vaga da sorte e do acaso, apesar de alguns atribuírem uma certa aura metafísica à própria sorte.

Juca, o homem que pode desvendar-me um pouco melhor a juventude do meu pai adotivo, está aposentado há vários anos e recebe-me numa sala com um sofá em pele castanho. Numa das paredes vejo uma enorme fotografia emoldurada da praça central da vila da Ribeira Brava, e no móvel estão várias molduras pequenas com fotografias suas com os filhos e a mulher. Noutra veem-se três rapazes no convés de um petroleiro; dois estão em tronco nu e parecem estar a treinar boxe, sob o olhar atento do terceiro.

Juca recorda que se encontraram em Roterdã, nos inícios de 1960, no Le Ciel Blue, um bar muito frequentado por imigrantes cabo-verdianos, e que Pio, como ele trata-o, disse-lhe, *vamos fechar as portas disto, Juca, porque esta noite vamos ser os únicos clientes*. Mas Pio era um homem que tinha mais de uma personalidade, confessa-me. Estiveram juntos na escola profissional de artes e ofícios, em 1952, a Escola da Pontinha, em São Vicente, muito antes de ele ter ido para Dacar. Ficaram bons amigos, mas antes disso estiveram quase para brigar um com o outro, pois eram os mais valentões; tinham na altura 12, 13 anos, até que ele lhe disse, *Juca, nós não temos nada que brigar um com o outro, vamos é juntar-nos e dar uma coça nestes tipos aqui.*

Juca conta-me também como a especialidade de Pio era fazer fechaduras e agulhas de renda, as chamadas agulhas de Lamego, e que era dos melhores aprendizes da escola do mestre Teodório Gomes «Kunk».

«Nesse tempo, os nossos pais não tinham posses para mandar-nos para o liceu e íamos para ali para ser aprendizes. O seu padrasto trabalhava na Shell e eu acompanhava-o sempre que ele ia levar-lhe o almoço. Pio deixava-me depois comer o resto da comida que sobrava na marmita. Tempos depois, encontramo-nos em Dacar, no Senegal, num clube chamado Sefa, em Gueule Tapée, onde passamos a noite a dançar o tchá-tchá-tchá, que Pio gostava muito; ele dizia-me: 'Juca, nô bem spnica tchá tchá tchá'. Depois disso, em 1956, embarquei no vapor *Casamance*, da Compagnie National de Navegation; quis arranjar-lhe um lugar ali comigo, mas ele disse que queria era ir trabalhar para as máquinas. Mais tarde soube que estava a trabalhar como cozinheiro no *Peter Hess*, um barco holandês.»

Voltaram a encontrar-se em Oranjestad, no Curaçao, e em Aruba, nas Antilhas Holandesas, e, como sempre, num ambiente de festa.

«Dançamos twist, salsa, cumbias, os tipos do porto arranjavam-nos sempre umas 'galiñas' (mulheres) de Bonaire; entendíamo-nos muito bem com elas em papiamento. Pio só dizia: 'ó Juca, é pena não podermos parar os ponteiros do relógio...' E já no início dos anos 1980 encontrei-o numa grande festa do pessoal de um *supertanker* da Esso Netherlands, na boîte Andaluz, em Lisboa. Abraçamo-nos e até choramos de alegria nessa noite.»

No decorrer da conversa, descubro que Juca também conhece o meu tio Simão e que ambos viajaram para a Holanda de comboio.

«No início dos anos 1960, alguns cabo-verdianos ficavam alojados na Rua do Poço dos Negros, no número 152, 1º andar, na casa da Dona Joaquina, irmã de Nho Damatinha. E foi de lá que um grupo constituído por mim, o teu tio, o Zinzin Santiago, o Júnior, o Vicente, o Toi Lopes 'Mala' viajou, em fevereiro de 1963, cada um com o seu farnel. Apanhamos o comboio em Santa Apolónia para tentar chegar à Holanda.

Em Hendaia, tivemos de mudar de comboio e o pessoal aproveitou para comprar provisões, mas nenhum deles falava francês. E foi quando descobri que todos tinham sido enganados no câmbio pelos comerciantes locais. O teu tio Simão ficou embasbacado com o meu francês/galego, porque eu tive de ir lá novamente com eles buscar o troco; eu disse aos comerciantes, 'vous n'avez pas fait bonne service avec mes copains...' »

Juca e o meu tio continuaram depois companheiros no cargueiro holandês *Vieness*, como me explica, fazendo viagens de 21 dias pela Europa.

«Havia um contramestre corso que costumava ir pelo corredor acordando os marinheiros europeus para o trabalho com batidas suaves na porta. Quando chegava às cabinas dos cabo-verdianos, dava socos lá no sítio onde ele sabia que nós colocávamos a cabeça no beliche. Eu disse ao pessoal: 'não se preocupem que qualquer dia trato-lhe da saúde'. Um dia, no porto de Hamburgo, eu já estava à espera e quando ele fez isso saí da cabina e esmurrei-o ali mesmo; 'porquoi vous me frappez comme ça?', disse ele. Nessa noite ofereceu-me uma garrafa de genebra que os oficiais tomavam como aperitivo, coisa a que nós, os marinheiros, não tínhamos direito. Depois disso, ele voltou-se para mim, 'conosco está tudo bem, não é?' O teu tio perguntou-me, 'já bo coçal oss?'»

«Sabes», continuou, «onde quer que eu estivesse ninguém maltratava um cabo-verdiano. No dia em que me despedi da companhia, o capitão disse-me, 'pensa bem no que estás a fazer, porque se eu entregar à companhia os papéis que acabas de assinar nós vamos perder o nosso melhor cozinheiro, mas os teus vão perder um líder'; eu já era despenseiro-chefe, um dos primeiros cabo-verdianos a obter um diploma de cozinha em companhias holandesas. A minha opinião era muito importante para qualquer capitão.»

«Certa vez, no Pacífico, numa viagem de Sakai para Melbourne, apanhamos mau tempo no norte do Japão; a nossa velocidade normal era de 18 milhas por hora, mas estivemos vinte e quatro horas sem fazer sequer 5 milhas por causa do temporal; e nisto o nosso radiotelegrafista recebeu um SOS de um barco que estava a naufragar a 40 milhas de nós. Fomos socorrê-los. O capitão chamou-me e perguntou-me se havia comida na dispensa para mais sete pessoas e eu disse que 'não havia problema, temos ainda cinco dias de viagem, mas alguma coisa se há de arranjar'.

Para além de despenseiro-chefe também fazia as vezes de intérprete a bordo: falava italiano, espanhol, francês, grego, wolof do Senegal e inglês. Era eu que me encarregava das provisões, mesmo em países mais difíceis para encontrar víveres frescos, como a União Soviética.»

Enquanto Juca fala, tento imaginar a relação do meu pai adotivo com o dinheiro e compreendo a autoconfiança que as fotografias do álbum deixam transparecer.

«Eu, o teu tio, Pio e os outros vimos o mundo como poucos. A maior parte de nós preferia as Américas pela facilidade da língua, a música, a comida, as mulheres, etc.; mas o país que mais me impressionou pela higiene foi mesmo o Japão, onde toda a gente deixava os sapatos à porta da casa e dos *dancings*; nunca vi povo mais calmo, nunca os vi correr a não ser quando praticavam desporto. Uma vez, no porto de Osaka, soou o alarme de um tufão que se aproximava e toda a gente abandonou as suas tarefas e apressou o passo, mas ninguém desatou a correr. Posso dizer que só no Japão conheci mais de 20 cidades. Também fiquei impressionado com a Nova Zelândia e a Austrália, de onde carregávamos cebola para a Holanda; as cebolas eram transportadas em caixas especiais durante os vários dias de viagem e o porão tinha de estar aberto; sempre que chovia surgiam umas nuvens de moscas das cebolas que quase nos comiam vivos. Numa cidade da Austrália, vi a polícia mandar parar o trânsito para deixar passar uma multidão de crustáceos. No Canadá, subíamos o rio São Lourenço até às cidades de Detroit e Duluth, numa viagem fantástica.»

Juca muda o semblante lamentando o seu fim.

«Pio era uma boa pessoa quando não bebia. Posso dizer-te que sem o álcool ele era um paz d'alma e eu sei do que estou a falar, pois se não tivesse tomado a decisão de parar a 20 de janeiro de 1980, talvez eu já não estivesse vivo também. No início dos anos 1950, quando entramos para as oficinas, em São Vicente, havia lá uma lancha especial que levava óleo aos navios que ancoravam ao largo; apesar do nosso esforço, o motor pegava só quando lhe apetecia. Os alunos da Escola da Pontinha chamavam-lhe 'Tont ta dam', 'tanto se me dá'. Esse era o lema de vida de Pio.»

Antes de me despedir, Juca fez questão de me ir mostrar um banco insuflável, que ele guarda na marquisa da varanda. Tem flores de plástico vermelhas e brancas no seu interior e terá sido comprado em Tóquio, no ano de 1964.

13

Trinta anos depois de Capitein, outro africano descia também pela costa.

À medida que nos aproximamos da região menos turística do Algarve, o comboio vai ficando mais vazio. Novos passageiros substituem os turistas estrangeiros, ocupando o espaço entre as carruagens com bicicletas e mercadorias para vender nalguma feira. Lá fora passam vivendas suntuosas de veraneio com os seus mármores, colunas e árvores ornamentais. Campos de figueiras e alfarrobeiras estendem-se num chão de cor de tijolo, seguindo-se laranjais viçosos ao longo do relevo ondulante da paisagem. As duas crianças holandesas adormeceram. Volto a cabeça e vejo o pai e a mãe sentados, em silêncio, olhando a paisagem. As suas cabeças loiras refletem intensamente a luz do sol do final da manhã, que penetra pela janela, como num quadro de Edward Hopper. Os motivos que levam Anton Wilhelm Amo de volta a África são bem mais modestos do que os de Capitein.

As suas ideias em relação à escravatura não podiam ser mais antagónicas daquelas defendidas pelo *predikant* holandês. Amo era 13 anos mais velho do que o seu compatriota, e se os irmãos africanos da Costa do Ouro ocupavam também o seu pensamento, o seu coração continuava na Europa. O africano se recuperava ainda da profunda mágoa sofrida pela morte de Peter von Ludwig, um dos seus ídolos e por quem sentia enorme gratidão. A vida dos dois africanos e a sua passagem por universidades europeias é uma das coincidências extraordinárias deste século XVIII de muitas surpresas. Amo também nasceu na Costa do Ouro, em 1703, mas, ao contrário de Capitein, nunca foi escravo. Os pais tinham permitido que ele fosse também levado aos 4 anos por holandeses da Companhia Holandesa das Índias Ocidentais, mas para ser educado neste país e mais tarde regressar a África como *predikant*. Contudo, a dificuldade em encontrar uma família holandesa que se responsabilizasse pelo menino leva a Companhia a entregá-lo ao duque Anton Ulric do Brunswic-Wolfenbuttel, um ducado alemão, que posteriormente o oferece a seu filho, August Wilhelm. O duque Anton Ulric podia ser um homem muito estranho e de poucas palavras, mas não se lhe pode negar o amor pelas artes e pela ciência.

O jovem *Moor* Amo foi batizado como protestante, na capela do castelo em Wolfenbüttel, adotando os nomes dos duques de Brunswick-Wolfenbuttel. Mas ao contrário do *predikant* negro holandês, Amo não deixou qualquer biografia escrita nem retratos com a sua imagem magnífica. Os fatos à volta da sua vida baseiam-se exclusivamente nos diários e nas notas do suíço-holandês David Henri Gallandet, que visitou a região de Axim, na Costa do Ouro, como médico-cirurgião de bordo, em 1753.

O homem que regressa 30 anos depois à sua terra natal não irá desembarcar como pastor da Igreja Reformada Holandesa nem trazer a palavra de Deus aos seus irmãos pagãos. Talvez nem tenha a noção do lugar que já ocupa na história da filosofia europeia. Algures na vida o caminho para a missão evangelizadora, proposto desde a tenra idade, desviara-se e fora substituído pela Filosofia. Ao longo dos anos, beneficiou-se de sucessivas bolsas de estudo dos seus nobres patronos, encantados com os progressos do seu *protegé* africano. É pouco provável que Jacobus Capitein nunca tivesse ouvido falar deste acadêmico negro formado nas universidades de Halle-Wittenberg e Helmstedt, não muito longe da Holanda, originário do mesmo local da costa africana.

* * *

Amo virou definitivamente as costas às Escrituras ao aproximar-se de Christian Wolff.

O alemão é um dos pensadores livres mais conhecidos da corrente *Aufklärung*, e a defesa da secularização do ensino e da primazia da experiência e da investigação torná-lo-ão *persona non grata* aos olhos dos espíritos mais conservadores destas universidades. O anticlericalismo e profundo humanismo de Wolff vão ter grande impacto no jovem Amo.

A sua primeira tese, defendida ainda na Escola de Direito Privado, diante do catedrático Peter von Ludwig, é intitulada de *De jure Maurorum in Europa*, O Direito dos Africanos na Europa. Amo baseia-se apenas em pressupostos intelectuais da civilização europeia e da sua herança cultural da civilização romana, para defender a tese que combate a escravatura dos africanos na Europa. Ao reivindicar a herança romana, Amo chama a atenção para os privilégios e imunidades que o Império Romano concedia aos cidadãos que prestavam vassalagem a Roma e que viviam debaixo das suas leis.

Estes privilégios eram extensíveis aos povos africanos na mesma medida que aos europeus, tendo os reis africanos sido vassalos de Roma, num estatuto concedido pelos imperadores romanos, incluindo Justiniano. E sempre que surgiu um novo imperador, estes laços com os reis africanos foram sendo renovados, com o consequente reconhecimento da vassalagem prestada a Roma. Assim, conclui, a compra, a venda e a escravidão dos africanos consistia num atentado ao princípio da inviolabilidade do indivíduo garantida pela lei romana.

Mas o africano vai mais longe ao evocar a condição própria de cristãos, defendida pelos europeus, que enraizavam orgulhosamente o seu cristianismo nos imperadores romanos cristãos como Justiniano. Amo conclui, por isso, que a escravidão dos africanos na Europa para além de contrária à lei dos homens também era contra a religião.

Em 1734, defende uma outra tese, desta vez na Universidade de Wittenberg, que o colocará numa posição social prestigiada, para além de lhe garantir o grau acadêmico de mestre em Ciências e de doutor em Filosofia e Artes. Em *De humanae mentis apatheia*, o filósofo negro explora a ausência de sensações e da capacidade sensitiva da mente humana, e da sua presença no sistema orgânico e no corpo humano, contrariando alguns dos princípios defendidos por Descartes. O professor que desce a costa africana ao encontro da sua família, trocou os desígnios de Deus pela Filosofia. Ensinou que, ao contrário do que até então se dizia, os processos fisiológicos eram antes «mecânicos» e automáticos e em nada influenciados pela alma. Para além de ser um cultor do pensamento político de Chistian Wolff, Anton Wilhelm Amo publica *Tractactus de Arte Sobrie et Accurate Philosophandi*, em que reflete, de forma «mecânica», sobre a essência da mente, numa tentativa para classificar vários tipos de conhecimento, crítica lógica, para depois mostrar a relação da filosofia e outras disciplinas, apresentando-a como lógica, ontologia, pneumatologia, ética e política.

Com a morte de Peter von Ludwig, seu *mestre*, Amo decide abandonar tudo e regressar a África.

Amo vai encontrar, 30 anos depois, o pai e uma irmã ainda vivos, na região de Axim. O homem que se tornou o primeiro filósofo negro da Europa adquire, rapidamente, entre os africanos a fama de *sage*, o homem sábio, que o médico Gallandet encontrou, em 1753. As últimas notícias de Amo, descritas pelo médico, dão conta que o filósofo deixou Axim e foi viver para o Forte da Companhia das Índias Holandesas de São Sebastião de Chama, onde terá morrido nos anos de 1760. Mas o mais provável é que Amo tenha sido levado contra a sua vontade e encarcerado no mesmo Forte pelos holandeses. O impacto das suas ideias sobre a escravatura, entre a população local, terá sido fonte de muitas preocupações para as autoridades coloniais. A única razão plausível para Amo ter deixado a região de Axim, onde ainda viviam o seu pai e a irmã, para ir viver num forte rodeado de holandeses esclavagistas.

14

Na fotografia de Artur Pastor, vê-se uma rua estreita, ladeada de casas térreas e de 1º andar.

Sete crianças brincam no chão, ao sol.

Do outro lado, e a coberto da sombra, um menino está sentado num banco de madeira. Uma mulher com um vestido preto e com um lenço da mesma cor na cabeça segura um bebê nos braços. Parece falar através da porta com alguém que está dentro da casa.

Ao fundo da rua, dois homens conversam com outro junto das seis crianças e que está voltado para trás. Mas a imagem que domina toda a fotografia, publicada no livro *As Mulheres do Meu País*, com textos de Maria Lamas, entre 1948 e 1950, é a da mulher cuja face parece irradiar luz, e que olha diretamente para a câmara da *Rolleiflex* de Pastor, amparando o corpo à parede da casa.

A imagem retrata uma cena do quotidiano da Barreta, bairro de pescadores de Olhão, e pertence a um conjunto que o autor fez quando percorreu o País, nos anos 1940.

A minha visita a esta cidade resulta do fato de Miquinha de Djena ter, em 1967, trocado o porto de Pedra de Lume, na Ilha do Sal, por um lugar a bordo de uma traineira algarvia, e por ter sido um dos amigos que a minha mãe mais estimou. Miquinha acabou por constituir família num dos bairros de pescadores desta cidade ao sul de Portugal.

Recordo-me de o ver em nossa casa duas ou três vezes e do seu sorriso afável, os seus gestos de grande bonomia sempre que nos levava às lojas de doces e mandava-nos escolher à vontade. Por isso, foi um grande choque para todos quando desapareceu no mar, poucos meses antes de se aposentar.

Miquinha era um pescador das ilhas no meio de pescadores algarvios, como acontecia também nos Estados Unidos, quando cabo-verdianos e açorianos compunham grande parte das tripulações dos baleeiros de New Bedford ou de Provincetown. Curiosamente, as filhas dos emigrantes cabo-verdianos desta pequena cidade histórica recusavam socializar-se com os seus vizinhos afro-americanos, fazendo questão em lembrar as suas origens e identificando-se, sempre que a ocasião o exigia, como portuguesas.

Estavam a seguir à letra aquilo a que James Baldwin designaria mais tarde como o preço a pagar pelos emigrantes que chegavam a esta terra prometida: tornarem-se «brancos», esquecerem-se das suas diferenças e origens étnicas, num compromisso assumido com a América.

* * *

Miquinha de Djena terá conhecido Manuel «Manny» Zora, em Olhão, e é muito natural que tenha escutado nos cafés junto ao porto, frequentados por Zora, as histórias que envolviam os cabo-verdianos da costa leste dos Estados Unidos.

«Manny» nasceu em Olhão, em 1895, e foi um dos homens de confiança do patriarca da família Kennedy, tornando-se depois numa figura lendária de Provincetown.

Uma personagem que poderia muito bem caber num dos romances de Jack London.

Conta-se que alguns dos serviços que prestou a Joseph Kennedy não seriam muito legais, e que terá mesmo, a seu pedido, ensinado o seu filho John a velejar. Durante a Lei Seca, ficou conhecido pela Guarda Costeira Americana como The Sea Fox (A Raposa dos Mares), por nunca ter sido apanhado, quando todos sabiam que contrabandeava álcool do Canadá para os Estados Unidos. «Manny» Zora conviveu com figuras lendárias que na época escolhiam Provincetown para férias, como o dramaturgo Eugene O'Neill, que o imortalizou na sua trilogia *Mourning Becomes Electra* (1931), na figura de Joe Silva. Foi ainda amigo do ator e cantor Burl Ives e do casal Elizabeth Taylor e Eddie Fisher, a quem levou a passear no seu veleiro, durante a lua-de-mel.

Com Norman Mailer, gostava de discutir a arte da pesca, por entre várias doses de uísque. Terá mesmo convencido o escritor americano de que possuía um faro especial para detectar cardumes em alto-mar. As fotografias da época e o retrato que Phil Malicoat lhe fez, em 1955, mostram um homem de semblante carregado, com cara de poucos amigos, a pele curtida pelo sol, nariz comprido e o cabelo espesso, eriçado para trás.

Os seus contemporâneos diziam que tinha umas mãos descomunais e que dificilmente um homem normal conseguiria apertá-las, para não falar na possante e vigorosa remada, inigualável naquela costa. Manuel Zora era um homem de poucos afetos e as pessoas ou adoravam-no ou detestavam-no, mas conta-se que a maior parte das mulheres, depois de o conhecerem, acabavam adorando o português.

Ao contrário de outros imigrantes, não frequentava a igreja. Era mulherengo e, quando não estava a navegar, o seu local preferido era o Taves Boatyard, o pequeno estaleiro, onde o encontravam dando os últimos retoques no veleiro *Sea Horse*. A sua vida extraordinária seria imortalizada pelo escritor Scott Corbett, no livro *The Sea Fox: The adventures of Cape Cod's most colorful rumrunner* (1956) — com direito a crítica literária, de três colunas, no Chicago Tribune — e nos palcos, através da peça *Fish for Friday*, de Arthur Robinson, levado à cena pelo grupo «The Wharf Players, inc».

Depois de ver Spencer Tracy trautear cantigas portuguesas em *Captains Courageous*, Zora disse que sabia muito bem em quem os produtores de Hollywood se tinham inspirado.

Em 1910, quando Zora chegou a Provincetown, dois terços dos cerca de 4.200 habitantes da cidade eram portugueses, incluindo 150 naturais de Olhão. A comunidade portuguesa era composta por açorianos, continentais e também pelos «Bravas», como eram conhecidos localmente os naturais de Cabo Verde.

Nos anos 1940, envolve-se na política e apoia o candidato do Partido Progressista, Henry Wallace, a presidente dos Estados Unidos, fazendo campanha por ele em várias cidades da costa leste. Mais tarde, entra num avião pela primeira vez para ir a Washington defender o projeto de um porto de águas profundas para a sua cidade. Conta-se que depois de um difícil encontro com o português, o senador republicano do Ohio, Robert Taft, disse que se podia *sentir o sal na sua voz.*

No início dos anos 1960, Manuel Zora despede-se da filha Mary Hellen e regressa a Olhão. Algumas fotografias dessa altura mostram-no a passear pela Ilha de Armona, na companhia de amigos, ou à mesa de um restaurante, talvez contando as suas aventuras dos tempos da Depressão e da Máfia.

Na pequena cidade, a sua imponente figura não passa despercebida no Café Comercial e no Danúbio. E já na velhice, casa com uma prima e é descoberto por Vera Lagoa e Baptista Bastos. Os dois jornalistas registam os seus últimos pensamentos, nos quais o velho lobo-do-mar fala da América, do dinheiro e de como a fome, por vezes, pode ser boa companhia para um homem.

O velho lobo-do-mar morre aos 84 anos, em 1979. A sua última imagem, registada numa pequena moldura oval, na lápide tumular do cemitério de Olhão, é a de um homem velho, carrancudo, de terno e gravata. O olhar, desassombrado, é o do antigo contrabandista.

IX

O seu desprezo pela morte e o risco de viver perigosamente eram aceitos com toda a naturalidade.

Recordo os seus excessos, o álcool, o tabaco, a sua ideia particular do bem-querer e dos afetos.

O meu pai adotivo era um homem com coração, mas ao mesmo tempo incapaz de expressar o amor. Muitas vezes perguntei-me se o casamento com a minha mãe terá sido a sua salvação ou uma espécie de catástrofe anunciada. No regresso da casa de Juca, vem-me ao espírito a malícia e a forma como Pio seduzia todos pelo desapego, a sua sede louca e desabrida pela vida. Como se conduzisse a vida por uma corda, do jeito que se conduz uma alimária. Talvez tivesse se casado com ela por pena e no final acabasse por amá-la como a mais nenhuma outra mulher. Mas era incapaz de lhe responder a uma pergunta direta sem aquela risada de espanto ou trejeito de gozo. Tinha de si próprio a ideia de um homem sem defeitos e de qualidades incompreendidas, trazidas sempre à tona por não menos de meia garrafa de Brandy.

Penso na revolta e rebeldia permanentes que pareciam vir diretamente do coração — impulsivas e, quase sempre, consubstanciadas numa qualquer ideia absurda; a forma escolhida para impor a verdade, resistir e manter-se fiel a si próprio. Mas na manhã seguinte não era possível vislumbrar qualquer sinal de coragem à sua volta. Víamos antes um homem que arrastava as pantufas em direção à casa de banho para se aliviar de uma noite amarga e turbulenta. Vêm-me à memória as suas tomadas de posição, teimosas, ambíguas, como se procurasse sempre uma estranha e titubeante liberdade. Um espaço de manobra cada vez mais curto.

Tinha amigos contados e afetos inconstantes, e era amante da boa e da má comida. Um homem levado pelo irresistível desejo de possuir mas não de construir uma família, e que entrara na nossa atmosfera íntima como um barco num porto estranho, numa noite de nevoeiro. Um lugar de abrigo para escapar às intempéries marítimas e ao pesadelo das horas mortas no horizonte. Um indivíduo capaz de qualquer coisa, mas com uma ameaça de futuro terrível pendendo sobre si — como se um medo atroz lhe perpassasse o rosto. Mas, no final, era estranho ver como toda aquela explosão de energia cabia no restrito espaço da minha mãe, e como ela podia envolvê-lo e paralisá-lo com o seu sentido de ética e moral.

Ao longo dos meses, a sua imagem e presença esbatiam-se na minha rotina de criança. Então, lá para o final do ano regressava e a minha ideia dele tornava-se uma realidade física. A presença era percetível através do som dos seus discos novos, salsas, cumbias e tchá-tchá-tchás, que logo pela manhã ecoava pela casa, numa alegria que banhava como um rio de luz. Todas as coisas à sua volta tornavam-se, de repente, pequenas diante do seu magnetismo. Talvez fosse, antes, o seu largo esforço para viver como toda a gente esperava que vivesse — ou como *nós* desejávamos que ele vivesse. Fundar uma família é a mais romântica e imprevisível das aventuras. Mas a nossa já estava constituída quando ele chegou. Na verdade, fora sendo construída com os alicerces disponíveis e com todas as dificuldades inerentes a uma ausência de vínculos patriarcais, naquilo a que se pode chamar de perfeita odisseia crioula. Por certo, ele terá tido a sua própria representação poética de um núcleo familiar ou mesmo tentado recriar um refúgio de infância e dar corpo a uma ideia épica de família. Mas, no fundo, não era de todo um homem de idílios caseiros que girassem em torno de um amor conjugal e paterno, pelo menos enquanto eu passava de criança a adolescente. O desencanto era um pássaro que iniciava a sua descida, lá das nuvens, e lhe fazia inclinar o coração; poucas semanas depois de desembarcar em Lisboa, começava a fazer as malas.

A sua profissão — cozinheiro num cargueiro alemão — satisfazia plenamente essa vocação libertária e permitia-lhe o olhar impune sobre as vagas e as estrelas; era o capitão do seu próprio sonho. Um homem que se sentia livre daquelas palavras difíceis da língua portuguesa, e que eu ainda hoje imagino planando sobre o horizonte com o coração aberto.

Ser cozinheiro devia forçar uma pessoa a pensar noutras coisas que não nela própria, assim como um jardineiro ou um bibliotecário. Não é preciso ser-se poeta para tal, basta apenas uma boa dose de ética. Ele foi a primeira pessoa de que me lembrei quando folheei a *Odisseia* e *Ulisses*, aos 12 anos. O único que eu achava capaz de ter vivido na Antiguidade e enfrentar trovões e tempestades marítimas. A sua Ítaca era a nossa casa, aonde ele regressava como rei, mesmo que por três meses. Troia não era mais do que o mar por onde ele guerreava durante nove meses em cada ano. Esse primeiro registro de tenacidade e resiliência da Humanidade, a raiz da história da civilização ocidental, também se lhe aplicava, numa espécie de exaltação heráldica, porque eu nunca o vira como um simples mortal.

Certa manhã, quando eu descia as escadas, vi-o à porta de entrada do prédio a conversar com um indivíduo cigano. Havia qualquer coisa de surreal naquele encontro. Reparei que não tinham dado pela minha presença. Sentei-me nos degraus da escada e fiquei ali a observar a cena, em contraluz. O cigano tirou um objeto do bolso, embrulhado num pano, e deu-lhe para a mão. Ele examinou a pequena pistola, como faria um qualquer especialista militar, voltou a enrolá-la no pano e meteu-a no bolso das calças. Do outro bolso tirou duas ou três notas que desapareceram de imediato na mão do indivíduo. A partir daquele dia compreendi que a vida de homens como ele era feita de episódios como este e que da loucura e da tragédia ainda se pode criar poesia.

O sortilégio de transformar a noite em dia. Apagar as cores como quem sopra uma vela.

* * *

Nunca me passou pela cabeça refletir sobre a vida, a culpabilidade e a responsabilidade, tendo como pano de fundo a sua estranha forma de viver.

Eram os excessos de um homem em revolta, vítima da sua própria armadilha, mesmo sendo a revolta uma reação à ditadura a que pode obrigar a vida familiar. Por outro lado, ajudava a revelar o homem duplo: cínico, orgulhoso, irônico, efabulador e ao mesmo tempo amável, sensível, sonhador, generoso; aberto ao mundo e ao mesmo tempo encerrado na sua solidão.

No final dos anos 1980, ele trouxe de Hamburgo uma fraqueza irresistível, depois de deixar o hospital de muletas. Numa tarde fria e enevoada, um carro vindo do nada atirara-o por sobre a neve que se acumulava junto ao passeio. Num rigor cômico e misericordioso, a Providência decretou que um homem embriagado não podia responder pelos seus atos e negligências. O meu pai adotivo passou então a exibir uma nova imobilidade quando escutava alguém. Outras vezes, arrastava-se pela rua, vagarosamente, ou sentava-se na varanda, agora sem filosofar sobre a problemática da rotundidade mole do rabo das mulheres portuguesas, que passavam lá em baixo no passeio. Uma varanda onde, certa vez, ele exibira o braço tatuado e a cabeleira de guerreiro do deserto do Danakyl, aos graúdos que me perseguiam.

Lembro-me de como ele foi incapaz de alertar para a mudança que nele se operava e que ele próprio tinha dificuldade em compreender. O silêncio que o passou a habitar era uma forma de confissão de alguém que sempre tremera diante das palavras. De alguém que se podia afogar numa frase apenas e negava qualquer mão estendida. Nada disto tinha que ver com o seu conceito de homem e de vida. Afinal, tudo isso não passava de um tom menor na grandiosidade dessa vida.

Não se pode impedir que um homem se negue a caminhar sobre os destroços da sua catástrofe futura.

Talvez tentasse, no seu silêncio, reconstruir uma verdade que ele pudesse entender e a sombra que o acompanhava então não fosse mais do que a nostalgia do seu absoluto.

Durante um almoço na Costa da Caparica, na única vez em que ele foi conosco à praia, levantou-se e saiu para o mar, sem mesmo acabar de fazer a digestão. A minha mãe tentou, em vão, dissuadi-lo. Vimo-lo regressar, minutos depois, rindo como sempre fazia e fumando o cigarro da sua satisfação. Como se desafiasse a morte e a adversidade da sorte por passatempo, exibindo aquela máscara de alegria e de tragédia — a marca da sua *joie de vivre*.

O mar, por vezes, também é condescendente para com os impulsos autodestrutivos.

Pergunto-me se ele não estaria, conscientemente, a forçar uma saída, a querer livrar-se de si mesmo. Era um homem exilado da sua própria vida de boemia, dolorosamente perdida. Mas, apesar do temperamento explosivo e do seu humor rasteiro, ela sonhou nele um companheiro para toda a sua existência e para isso terá feito não poucas concessões para inclui-lo na nossa vida. Em pouco tempo, ela haveria também de se tornar na única pessoa com algum poder psicológico sobre ele. Uma forma singela de expressar ternura por ele. Um sentimento que, como é sabido, resulta de pura liberdade.

A minha relação com ele mudou com o tempo. Mas, foi em vão, pois, no final, as pessoas acabam por escapar-nos, como água morta por entre os dedos. Mas não se trata aqui de um julgamento moral. As pessoas vivem, medram como as plantas e sobrevivem como podem. Estas possuem uma forma de resiliência na vida que parece estar muito para além do aceitável pelos hiperlúcidos, hiperconscientes daquilo que os rodeia, e que não têm outra alternativa senão pegar essa angústia humana pelos cornos.

A valentia do meu pai adotivo expressava-se numa espécie de combate de luta livre: pegava-me pelos tendões, por trás do joelho, e atirava-me com as costas no chão. O seu truque preferido, a que nenhum homem podia resistir. Estendia-me, depois, a mão, ajudando-me a levantar, exausto. As sessões continuaram durante anos e aconteciam sempre que eu me opunha a uma regra qualquer. Uma forma de ele me mostrar quem mandava lá em casa. Depois ia ao quarto e pegava nas duas molas de ferro para treinar os músculos do braço e do pulso. Fazia-o com tal leveza que sorria admirado com a sua própria força. Ao fim de três ou cinco exercícios, dava-mas para a mão.

Aos 15 anos eu media 1,77 metros de altura. Quando ele tentou, uma vez mais, alcançar a minha perna com a mão direita, sentiu que poderia derrubá-lo e deu a luta por terminada, por empate técnico. Talvez essa condição de pai *emprestado* criasse nele, antes de tudo, uma responsabilidade de tutor ou de treinador, que pouco mais do que amizade e perícia tinha para transmitir a um pupilo.

* * *

Eu era demasiado jovem para poder conhecer o peso da futilidade humana.

A indisfarçável sombra que gostamos de projetar sobre os outros.

Talvez estivesse demasiado perto para o poder conhecer verdadeiramente. Mas mesmo uma criança consegue ver que há mais de bom num ser humano do que mal.

Chegava todos os anos com o primeiro frio de dezembro e partia em finais de fevereiro. Entrava no quarto, já de madrugada e beijava-nos a testa, como um fantasma. Era como se já tivesse partido e não fosse mais do que uma simples lembrança, como o aroma dos seus cigarros de véspera, diluído pelos cantos da casa. Eu fingia sempre que dormia. Eram momentos em que eu afastava os demônios marinhos que o deveriam levar para as profundezas. Para se gostar de alguém, há que dar uma parte de nós a essa pessoa.

À parte uma máquina de calcular que me ofereceu aos 12 anos, nunca consegui descobrir quais seriam as suas expectativas em relação a mim, nem mesmo se teria alguma. Durante um jogo de futebol, em que passei o tempo a olhar para as bancadas na esperança de que ele cumprisse a promessa de me ver jogar, descobri que essas mesmas promessas só valem para um tempo que está para lá do nosso poder. Eu não era mais a criança que ele tinha trazido para Lisboa no *Amélia de Melo*. O mundo era agora mais alegre e luminoso, sem medos, angústias ou palpitações. Mas retratar alguém é correr o risco de também revelarmos a nossa própria visão da vida. O risco de cairmos nesse território delicado, nessa espécie de laboratório pessoal. Falar de nós também é descobrir o outro.

Ele voltaria para o balanço da sua cozinha, para os seus tachos e panelas amarrados nos armários, nos dias de tempestade, com o seu rosto feliz e sedutor, sem que o filme da sua vida deixasse de correr. Ela escrevia-lhe sempre ao entardecer, depois de pôr a panela da cachupa ao lume. Ele continuava a ser o ator no seu palco privilegiado. A sua imagem na cabina rabiscando meia dúzia de frases, numa sintaxe armadilhada, era o que de mais remoto se podia imaginar.

5 de junho de 1980, Jersey

Inesquecida amor do meu coração

Djita

Em primeiro lugar eu desejo que esta carta vai encontrar duma perfeita saude ao medida do meu desejo. Eu vou regular pela graça deus só sentindo enenças saudades que não tenho fim. Amor encontrei a sua carta eu fiquei contente que esta de saude pela graça ao bom Jesus Cristo. Amor eu ouvir tudo que esta carta resava mais eu não tenho culpa porque eu mandar ordem de mandar o dinheiro todos os mês já foi para terra telefonar porque não tenho mando o dinheiro. Amor já sei que esta zangada comigo sobre uma coisa que não tenho culpa. Amor olha escrever a minha mãe para mandar aquele papel mais breve possível que deixa muita flata para eu poder tira o meu passaporto, e tambem pode escrever o meu pai para ver se pode mandar aquele para ver mais depressa faz um favor. Amor eu todos os dias eu tenhe que sonhar contigo mais em fim que estou longe do seu pé eu volta na cama não encontra eu fiquei muito triste que um homem longe da sua é tão borrecido se Lisboa se tenho trabalho eu não venho para mar navegar mais eu tenho que andar na mar eu vou termina com muita saudade. Vai beijinhos para minha esposa e beijinhos para os meus filhos da comprimentos a sua mãe e sua irmã e filhos da todos amigos e amigas os meus comprimentos a todos que perguntar para mim.

Desde o meu marido que ama-te a morte nunca esquecer sempre lembra na sua esposa sempre com muito saudades do teu amor

CHYAU LOVE.

Muitos anos depois, mesmo após o divórcio, a minha mãe permitiu que ele continuasse a morar num dos quartos do sótão. A última vez que o vi ele estava enrolado numa manta; estava magro, muito magro, míope, com os ossos da cara salientes e o cabelo ralo. Descia apenas para as três refeições que ela lhe deixava sobre a mesa da sala de jantar. Depois de comer subia novamente as escadas, atravessava o corredor e fechava-se no quarto. Mal se falavam.

Ao entrar no quarto recebi uma espécie de grunhido à pergunta sobre o seu estado de saúde. Havia um cheiro nauseabundo e entranhado a suor, álcool e tabaco. Lembrou-me um sem-abrigo sob as arcadas de edifícios do centro de uma cidade. O fedor a tabaco misturava-se com o cheiro a uísque e a *brandy* e parecia contaminar tudo: paredes, cortinas das janelas, o teto oblíquo, o colchão, roupa da cama, roupas sobre a cadeira.

Quase palpável.

Várias garrafas vazias estavam espalhadas pelo chão, debaixo da cama. Havia algo de estranho no cheiro que eu não conseguia identificar. Algo muito forte, indissolúvel, misturado com o álcool e o tabaco. Penetrava-me as narinas como um animal enraivecido. Peguei nas garrafas e coloquei-as num saco para deitar fora. Baixei-me e senti de novo aquele cheiro, agora ainda mais vivo.

«Olha para mim», disse-me, tentando acordar a sua velha inquietude felina.

«A tua mãe tem-me aqui que nem um canibal!»

Fechei a porta e fui pelo corredor a matutar no que acabara de ouvir.

Era doloroso vê-lo assim, na pele de um condenado, depois de quase toda a vida ter sido um cidadão do mundo, um rebelde, agora enredado na tragédia da sua própria existência. Lembrou-me um homem a quem tivessem roubado todo o seu imaginário; absolutamente mutilado e sem contexto, sem qualquer forma de amor para dar ou receber. Pensei em todas as histórias do cozinheiro-marinheiro que tinham ficado por contar, histórias das suas viagens, aventuras nos bares e clubes dos portos por onde andou e que eu nunca iria ouvir da sua boca. Não que ele se visse a si próprio projetado nessas histórias ou procurasse a sua imagem nelas. E não tendo eu conhecido essa terra de ninguém que fica entre o sonho e a vigília, revelada pelas histórias de embalar — contadas, não lidas —, essas que nos revelam segredos, algo me dizia que, por mais que lhe quisesse dar voz, por uma última vez, os nossos caminhos se separavam, irremediavelmente. E tal qual uma longínqua erupção, ouvi o ataque de tosse num crescendo; uma tosse cada vez mais cavernosa, como se ele fosse estourar a qualquer momento. Perguntei-me até que ponto Nietzsche teria razão e se me caberia, de fato, essa responsabilidade de ser filho e pai ao mesmo tempo, pelo resto da minha vida.

Desci as escadas para a sala e no momento em que os meus olhos encontraram os da minha mãe o meu cérebro identificou, finalmente, o cheiro forte do quarto: urina; e logo de imediato dei-me conta de que o equilíbrio daquele dia estava irremediavelmente destruído.

X

Há locais na cidade em que o sol parece brilhar com mais intensidade.

Os seus raios, envolventes, convidam-nos a dançar, a saborear a vida.

Ela veste um robe cor-de-rosa sobre o pijama azul e pantufas de bordados da mesma cor. Coloco-lhe a manta sobre as pernas, empurro a cadeira de rodas e começamos a descer a rampa até entrarmos na manhã fresca.

É a primeira vez em dois meses que a minha mãe sente o calor do sol na cara. Pássaros cantam por entre pinheiros, plátanos, cedros e casuarinas. Um grupo de doentes em pijamas, na maior parte homens e mulheres jovens, passa por nós e cumprimentam-nos com um olhar vazio e distante. Ocupam toda a largura da rua à nossa frente, como que em parada e de forma ordeira. Fazem lembrar um grupo de prisioneiros a caminho de um campo de trabalhos forçados ou um pelotão de recrutas conhecendo ainda os cantos ao quartel. O ruído cavo dos seus passos desfaz-se no vento por entre a copa e os ramos das árvores.

Nunca fiz a menor ideia do que estaria para cá deste gradeamento de ferro e do edifício principal, onde ficam a direção, a secretaria e os serviços administrativos do hospital. A fachada principal, de uma austera arquitetura, sempre me pareceu adequada ao tipo de realidade que eu achava que habitava este mundo.

Seguimos num silêncio apenas cortado pelo ruído dos aviões que passam a baixa altitude, a cada cinco minutos.

Ela pergunta-me se todos os edifícios e pavilhões, que emergem por entre o exuberante arvoredo, rodeados de canteiros onde se veem lírios e flores de pétalas viçosas, fazem também parte do hospital. Sob os meus olhos, tenho a perspectiva da sua nuca e do seu cabelo ralo. O couro cabeludo lembra um pedaço de terra devastado por uma prolongada seca, e que contrasta fortemente com a vida espalhada por estes 20 hectares de parque, onde os ramos das árvores roçam as vidraças dos edifícios de 1º andar. Tenho a sensação de caminharmos por um bairro da cidade com altíssima qualidade de vida. Passamos por várias espécies de coníferas e um extenso chão de caruma que separa os pinheiros de cedros, castanheiros e palmeiras jovens das Canárias; um parque embelezado por mais de 50 espécies de árvores, que purificam o ar todas as manhãs.

Os quadros com pinturas modernas, dos corredores austeros dos pavilhões, não conseguem disfarçar o antiquado alto pé-direito, nem trazer vida ao branco-alvo das paredes ou ao chão de ladrilhos amarelo-torrado. Apesar da boa disposição e simpatia dos enfermeiros e das auxiliares, as marcas da decadência humana parecem impossíveis de disfarçar. Os doentes afundam-se na apatia e nos seus mundos paralelos, numa lentidão infinita. Quem passeia cá fora, por entre estes verdejantes exemplos de enraizamento e perseverança, não pode imaginar a dor e a infelicidade que se acumulam naqueles quartos espartanos.

Por vezes, do serviço dos agudos chegam os gritos de algum jovem, misturados com o som da campainha da porta. Os doentes são mantidos sob custódia por auxiliares-carcereiras de olhar terno e braço forte.

Durante um longo período do nosso percurso ela vai em silêncio. Olha apenas em frente, melancólica e pueril, como se descobrisse a natureza e o verde de cada arbusto pela primeira vez. Começou, nos últimos dias, a dar uma atenção especial à sua aparência exterior, o que me provoca a leve sensação de termos acabado de atravessar um longo e tortuoso caminho. Imagino a possibilidade real de ela se reconciliar com o espírito destas árvores antigas, fontes de vida e equilíbrio — a ligação entre o céu e a terra. A recente docilidade é um reflexo da vontade em regressar à vida e ao nosso convívio. Preocupa-me também o efeito da prolongada imobilidade nos membros e nas articulações, em especial nas suas pernas atacadas pela artrose.

Continuo a empurrar a cadeira de rodas até que chegamos, finalmente, ao pavilhão das consultas. Minutos depois alguém entra na sala de espera e chama por ela e seguimos por um corredor que dá para um gabinete, onde uma psicóloga e uma psiquiatra aguardam-nos, sentadas. Qualquer delas não tem mais de 30 anos. Começam por lhe falar naquele habitual tom infantil e maternal com que se dirigem aos velhos nos hospitais e nos lares de terceira idade. Uma delas inicia um questionário que me parece um procedimento habitual: que idade tem, se sabe em que país vive, em que cidade é que estamos, qual o dia da semana, do mês e qual a estação do ano. De seguida, perguntam-lhe se sabe fazer contas e para ir subtraindo três números a um que lhe dão. Pedem-lhe também que decore as palavras «bola», «laranja» e «gato», e continuam a questioná-la sobre diversos assuntos, o que ela gosta de ver na televisão, se se sente só, etc.

Enquanto isso, eu observo a juventude, a beleza e a sofisticação de ambas. A sóbria maquilagem e a fresca desenvoltura que contrastam com a tristeza, a decadência e o abandono em que muitos doentes parecem viver.

Há qualquer coisa de erótico neste contraste que não consigo explicar muito bem.

No hospital elas estão em clara maioria em relação aos seus colegas masculinos. Talvez os nossos enigmas interiores tenham menos segredos para elas. Durante as visitas, do quarto da minha mãe, via-as chegarem muitas vezes nos seus carros modernos e metalizados, com a *toilette* cuidada e atravessando depois os corredores em passadas firmes, naquela frescura juvenil. Certo dia, uma delas parou junto de uma jovem doente norte-americana, cujo rosto lembrava vagamente Chelsea Clinton, e que desenhava, incessantemente, bandeiras americanas numa folha A4. Falou-lhe por uns momentos, trocando palavras em inglês, fazendo-a sorrir.

A normalidade quotidiana das psiquiatras só parece ter paralelo com a exuberância das árvores e o cantar dos pássaros por entre os ramos.

Uma delas volta a perguntar-lhe pelas três palavras que ela devia memorizar. A minha mãe fixa o chão; olha de novo para elas, para mim, e só consegue responder, *limão*.

Ela baixa depois os olhos e procura refúgio no lenço que demora a sair do bolso do casaco e que não vai a tempo de conter as lágrimas.

Saímos do gabinete e passamos a porta do pavilhão. Descemos novamente a rua pelo lado da sombra. Ela manda-me parar por instantes, sorri e diz-me: *sente o cheiro, sente o cheiro dos pinheiros.*

15

Apanho o *ferry* e atravessamos lentamente a Ria Formosa, rumo à Ilha da Culatra.

A embarcação descreve um largo semicírculo, guiada pelas boias e bandeiras de segurança, evitando assim os baixios que a maré baixa deixa à vista. A esta hora da manhã dezenas de mariscadores de tronco dobrado removem a lama com uma enxada e um balde. O recuo das águas da ria deixa à vista pequenos muros de pedra que servem de marcos das zonas privadas para a apanha de moluscos.

Vários botes e lanchas estão parados na lama e no horizonte as canas-da-índia, espetadas no lodo, com vasilhas de plástico coloridas no topo, servindo de toscas boias de sinalização durante a maré cheia, emergem como espectros.

Desembarco na Ilha e atravesso lentamente as ruas estreitas e sinuosas da vila piscatória e vou pelo areal até a uma baía que serve de refúgio a dezenas de marinheiros refratários dos sonhos dos burocratas europeus. Cabos retesados amarram os veleiros, as suas casas flutuantes, à costa, formando uma comunidade de exilados das brumas do norte. Continuo a minha caminhada por esta que é a língua de terra mais meridional de Portugal continental.

A água da ria, que recuou durante a madrugada com a baixa da maré, começa a subir lentamente invadindo os canais sulcados por entre as dunas e os arbustos. Sento-me no chão e fico por momentos a ouvir o ruído da água fresca à medida que avança, centímetro a centímetro, invadindo a terra seca. Quando me alcança, deixo que ela rodeie os meus pés até estes ficarem completamente submersos. No silêncio da ilha apenas se ouve o ruído da minha respiração e o sussurro da água na sua lenta marcha pela terra seca. Continuo depois em direção à ponta oeste, pelo farol, e caminho até chegar ao pontão de cimento. Por momentos, tenho a sensação de entrar numa nova estrada que penetra o Atlântico, à minha frente. Rumo à África.

16

Ainda que eu fale as línguas dos homens e dos anjos, se não tiver amor sou como um bronze que soa ou címbalo que retine.

Os sons do Cântico do Amor chegam da igreja de Santa Maria, situada do outro lado do largo.

À entrada do antigo Mercado de Escravos, as paredes estão forradas a cartão canelado de cor dourada — simbolizando o ouro — e a vermelho — o sangue derramado pelos cativos. Sob as arcadas de pedra, quatro caixas de madeira e vidro, penduradas por cordas ao teto e fixas ao chão de lajes, contêm malagueta, cocos, terra simbolizando ouro em pó, noz de cola e inhame, numa alusão à carga das caravelas. Nas paredes há fotografias de moedas da época, em ligas de cobre e prata, reproduzidas sobre o vermelho de sangue. Chego a Lagos numa manhã de sol, para ver o que resta dos 230 africanos desembarcados nesta cidade no dia 7 de agosto de 1444, na viagem inaugural de um capítulo negro da História de Portugal e da Humanidade.

Vieram em caravelas que exibiam a cruz de Cristo nas velas, cuja réplica do século XXI, *Boa Esperança*, encontro ancorada junto à marginal. Na Praça do Infante D. Henrique, a estátua do navegador parece observar os turistas ingleses e espanhóis que posam para fotografias extravagantes, com os pés dentro do lago de água.

Junto-me à pequena fila de turistas à entrada da exposição que reúne artefatos históricos encontrados recentemente, durante as obras de um estacionamento subterrâneo. O espaço no interior é menor do que eu imaginava. A minha atenção vai de imediato para o *amuleto/adorno*, animal de quatro patas, em marfim, sem cabeça, talvez uma cabra, com o rabo enrolado para cima, de cujo dorso parte uma espécie de torreão dividido ao meio, tudo sobre um fragmento irreconhecível, classificado como sendo originário da Serra Leoa, século XV.

Mesmo ao lado está uma *empunhadura de instrumento metálico*, em osso e ferro, com corpo de mulher sem cabeça; uma das mãos cobre os seios, a outra, o ventre, também datada do século XV. Duas falanges trazem ainda restos dos anéis de cobre, cobertos de verdete, e há um delicado frasquinho de vidro verde-fosco a seu lado, talvez contendo restos cristalizados de um elixir antigo. Ali perto está também um colar de contas de azeviche, para além de uma pulseira em liga de cobre, brincos de coral e outros objetos de adorno, tudo do século XV.

Mas é o conteúdo de uma caixa de acrílico, com pouco mais de 1 metro quadrado, que atrai mais a atenção dos visitantes. Foi colocada junto à antiga lareira, ladeada por duas lajes de mármore e sob uma travessa de madeira carcomida. São visíveis os incisivos superiores do esqueleto do jovem de 19 anos, afiados de acordo com a prática tradicional na costa ocidental africana. As pernas estão encolhidas e a cabeça deitada sobre a face esquerda, como que num sono eterno e profundo. A luz de dois projetores, colocados no teto, reflete, na superfície acrílica da caixa, uma mancha composta por dezenas de impressões digitais de crianças turistas.

Atrás de mim, algumas comentam com os pais os erros de impressão no texto da versão inglesa da *Crónica dos Feitos da Guiné*, de Gomes de Zurara, que acompanha a exposição, na parede vermelha. Mesmo no centro da sala, uma tela de televisão produz variações sobre um retrato pintado supostamente do infante D. Henrique, sobre pergaminho, desfigurando-lhe a cara, num efeito que lembra uma sala de espelhos de uma feira popular. Uma fotografia ampliada num painel reproduz a sequência dos estratos no terreno, o local original que serviu de abrigo e repouso ao jovem esqueleto, num oblívio de mais de quatro séculos. Ao passar novamente pela vitrine dos anéis de cobre, verifico que o vidro é facilmente amovível para um dos lados, como a janela de uma marquise.

* * *

O antigo Vale da Gafaria, na encosta da Ribeira dos Touros, nos limites medievais da cidade, é hoje um parque verde e sereno que convida à reflexão. Mas o que poucos sabem é que esconde as marcas de uma tragédia secular.

Dos 155 esqueletos de escravos africanos encontrados numa velha «lixeira» neste local, durante as obras de escavações do Parque de Estacionamento do Anel Verde, a maior parte estava com as mãos e um dos pés amarrados. Manietados como sempre viveram, indicando que haviam sido atirados para a sua última morada — misturados com lixo doméstico — com as marcas e os símbolos da sua miserável condição.

Alguns foram enterrados com respeito, talvez por serem escravos ou forros batizados.

Ruínas de uma leprosaria, situada do lado de fora da Vila de Lagos, estão expostas ao sol, ao lado da entrada principal do parque de estacionamento, junto ao caminho pedestre que leva ao parque relvado. Mulheres solitárias passeiam os seus cães e alguns casais de turistas posam para a fotografia. Separado da cidade pela Cerca Nova e os seus quatro baluartes, o vale continua por uma pequena colina com oliveiras, palmeiras, figueiras e amendoeiras jovens, plantadas aqui e ali.

É um local belo e silencioso. Um tapete de relva cobrindo um rasto da morte e esquecimento.

Para além do ruído dos carros, ouvem-se cigarras, insetos no ar e o grasnar das gaivotas, mas não há qualquer informação sobre o antigo cemitério de escravos. Mas não faltam os tão preciosos *dispensadores de sacos para dejetos caninos*. Do alto da pequena colina, avisto ao longe a baía azul e a praia de Portimão, com as suas torres modernas junto à marginal. À minha direita ficam os edifícios de apartamentos modernos de seis andares, com o movimento fluido de carros nas ruas, e num dos lados do vale há um parque infantil com equipementos de lazer para jovens *skaters* e uma área que me parece ser para espetáculos.

Sento-me na relva e lembro-me dos anéis de cobre na falange da exposição. Tento resgatar aquele dia de agosto de 1444, quando os africanos chegaram e viram, por entre o medo e o cansaço, as duas grandes elevações na serra, para lá das primeiras colinas, muito depois da extensa praia. O rio estreito que penetrava aquela terra incógnita que os iria acolher. Provavelmente terão escutado o retinir enigmático do sino da igreja, que ainda não podiam imaginar o que seria e que forma teria, e visto a torre da muralha e o casario descendo de uma colina para a margem esquerda do rio e a longa praia estendendo-se para nascente, descrevendo uma ampla baía, até lá onde os seus olhos, mareados pelo cansaço de semanas no mar, fome e sede, podiam alcançar.

* * *

Entraram no rio e os barcos imobilizaram-se, lentamente.

Muitos chegam doentes e enjoados por nunca terem entrado num barco.

Dão conta de que a tripulação abandonou as embarcações e que os gritos de alegria dos seus familiares e amigos, que tinham acompanhado a chegada dos navios em batéis, vão ficando cada vez mais longe. Passam a noite nos barcos e na manhã seguinte ouvem o chefe dos homens brancos de barba e roupas de ferro fazendo sinais para que os tirem dos barcos e os levem. Quando chegam a um campo amplo, para lá dos limites da cidade, não têm dúvidas de que vão ser mortos e comidos pelas pessoas que começam a chegar e se juntam em círculo para melhor os observarem.

De mouros tinham estas algum conhecimento, mas negros retintos ninguém ainda havia visto com os seus olhos, para além das histórias que os navegantes de Lagos traziam e contavam pelas tabernas da cidade. O povo da cidade e das aldeias e comarcas em redor — que folgou ante a novidade daquela manhã — viu os «gentios» de cara baixa e rosto lavado em lágrimas, semblantes desesperados procurando ajuda nos céus e trocando olhares perdidos com os seus semelhantes, por entre gemidos de dor e enfermidade.

O cronista do infante regista, para a posteridade, como outros feriam os rostos com as palmas das suas mãos e lançavam-se ao chão amaldiçoando a sua sorte ou lamentavam o infortúnio através de cânticos, segundo os costumes da sua terra. O drama da expectativa estende-se por alguns minutos e de repente o caos sobe de tom e a loucura parece querer tomar conta daquele grupo de gentios, quando chegam uns homens que começam a separá-los em cinco grupos, ficando mães de um lado, filhos do outro, maridos de um lado, mulheres de outro, numa partilha entre os capitães presentes, liderados por Lançarote de Freitas, que procuram equilibrar a sua parte das presas, sem que laços de parentesco aqui tivessem algum significado, caindo a sorte onde caísse.

É Zurara quem nos diz que, ao darem-se conta disso, agarraram-se uns aos outros procurando resistir à sua separação. Filhos corriam para os pais e mães saíam em busca dos filhos. Apertavam-nos nos braços deixando-se cair pelo chão. Resistiam arrastadas sem os largar num espetáculo que confundia os sentimentos rudes do povo cristão e a própria pena do cronista, pois ninguém esperava tamanha prova de humanidade de quem era tido por perfeitamente desumano.

Quem lhes dera a frieza do infante que do alto do seu cavalo aguardava a quinta parte daquelas peças a que tinha direito, confiante no seu dever de fazer daqueles negros e mouros selvagens bons cristãos. Negros e mouros que dali a dias seriam espalhados pelo Algarve e vendidos ainda para Sevilha e Cádis, com os mais retintos levados para a capital para matar a curiosidade da corte e do povo pelas praças de Lisboa, dando início ao indescritível horror da vida longe dos filhos. Mulheres, pais e irmãos perdidos para sempre.

Imagino o escravo acordando todos os dias com o peso da condenação em vez da visita providencial da morte, dando conta de que fora excluído do seu mundo sem qualquer caminho de retorno possível. Tudo lhe dói: o corpo, a perda, a terra natal, o silêncio; sente vontade de quebrar as cadeias, as paredes, de esticar os braços, as pernas, de correr livremente, de saltar e de gritar. Mas descobre como é ser o nada em que o transformaram, e o vazio, o espaço que ele irá ocupar dali em diante.

* * *

Pergunta o escravo, em silêncio: quem pensas tu que és? Que conheces tu dos meus rios e das minhas florestas, das minhas chuvas e das minhas manhãs frescas, do sorriso dos meus filhos e daqueles que foram meus pais e avós que naquelas terras caçaram e pescaram, onde já haviam caçado e pescado os pais dos seus pais e os avós dos seus avós.

Guarda o teu dinheiro, o teu ouro, a tua prata, as tuas joias, a tua fama, as tuas peles, as tuas armas de fogo, a tua casa, a tua cadeira, a tua mesa, a tua comida, as tuas roupas, as tuas terras, o teu cavalo, o teu barco, a tua mulher, os teus filhos, os teus amigos.

Observo-te todos os dias com atenção. Aos domingos colocas o teu chapéu e vais adorar o teu deus, com a tua voz barbuda ergues-te diante de mim e gritas que és meu dono e que a minha vida está em tuas mãos. Mas eu sou mais do que o meu corpo que aqui se expõe despido sem necessitar de um bom casaco ou de sapatos. Sou os olhos dos meus antepassados que te olham enquanto circulas com as mãos atrás das costas. Da tua fome e da tua sede não haverá o mínimo vestígio e das tuas feridas apenas a viscosidade purulenta e fétida.

Mas é apenas o verbo que agora ensaio.

A esperança de poder continuar a respirar, pois que um homem deve viver de ações, da sua boca, dos seus dentes, da sua voz, dos seus músculos e da sua força. Na agonia da paralisia dos grilhões o verbo, ainda que soprado para o interior do espírito, impede a destruição total de quem vive condenado não à morte mas ao cativeiro.

Atravesso de novo a cidade rumo à estação de comboios. Um grupo de homens e mulheres africanas vende óculos de sol a famílias de turistas. As mulheres tecem tranças com contas de missangas coloridas nos cabelos de jovens britânicas de pele cor de leite, por entre sorrisos luminosos. Não resisto e volto para trás. Compro de novo um bilhete para a exposição no antigo Mercado de Escravos. A sala está vazia e a funcionária informa-me que as portas se cerram dentro de minutos. Ao passar pela seção dos objetos desenterrados, depois de confirmar de que não há ninguém por perto, forço o vidro da prateleira das falanges com os anéis de cobre, introduzo os dedos e tiro o que está mais perto, guardo-o no bolso.

Caminho para a estação de comboios tentando imaginar o local da separação das famílias e da venda dos escravos dos homens do infante: a estação de serviço, o Intermarché, Os Mosqueteiros, a B&P Real Estate, o Wine & Beer Lounge, ou da própria estação rodoviária.

Um vendedor de cruzeiros fala-me em alemão, tentando vender-me uma visita às *grotto*, nas falésias, junto às praias.

Tiro a pequena falange do bolso, olho para o que resta do anel de bronze e imagino um mestre ferreiro de um distante reino africano. Sinto a textura e a fragilidade do osso. O rumor do tempo, ficção onde cabem o brilho das asas de uma borboleta e uma galáxia, chega-me lentamente em forma de um poema perdido no espaço, acompanhado da imagem de Leopoldina com as irmãs e outros meninos cantando pela ribeira:

D'além vêm as cinco pretas, todas cinco da Guiné
Elas vêm de lá p'ra cá, elas vêm de lá p'ra cá
Dançando o saricoté, saricoté saricolá.